„Die Vögel singen laut ihr Lied,

zum Gruß der Mutter Sonne."

(Aus Regenbogen)

-Vorwort-

Wer kennt es nicht das Gefühl sich eines Tages nicht mehr im Spiegel ansehen zu können ohne ein abwertendes Gefühl gegen sich selbst zu hegen, dass soweit ausreichen kann alles und vor allem sich selbst so abzuwerten das man jegliche Motivation verliert etwas an sich zu ändern. Diese Situation, ausgelöst durch eine verlorene Liebe. Mein Leben schien zu Ende und in meinen Augen war es nichts mehr wert, abgewendet von meinen Freunden und Familie im Selbstmitleid versunken und das einzige woran man sich noch klammerte war die Frage wo bekomme ich um diese Uhrzeit noch Alkohol her damit ich diesen unnützen Tag ja verschlafen und betäuben kann. Ein trauriges Bild, was ich Dank einer damaligen guten Freundin neu gestalten konnte. Sichtlich angenervt von meiner damaligen Ansicht des Lebens, sagt sie vorwurfsvoll „Du investierst soviel Zeit damit dich selbst zu zerstören, warum schreibst du dir deine Gedanken nicht von der Seele?" „Es hilft, glaub mir." Ich habe sie nicht ernst genommen, was mich wohl letztendlich auch ihre Freundschaft kostete. Heute will ich ihr danken, denn sie hat mir die Augen dafür geöffnet was ich nun hier zusammengetragen habe. Aus einem selbst therapeutischen Versuch wurde ein Hobby, ein Hobby was sich zur Kraftquelle entwickelt hat und mir neue Energie spendete. Es liegt in allem etwas Gutes, diese Erfahrung habe ich zumindest machen dürfen. Es ist vielleicht nicht der Moment lehrreich, aber zumindest das auf Zeit gesehene Resultat. So sehr ich meine Zeit der Narben verfluche umso prägender war sie letztendlich für mich und mein streben.

Ich wünsche mir das meine Gedichte nun nicht länger nur Kraftquellen für mich sind, sondern ich hoffe das es noch jemanden gibt der ein wenig Kraft aus meinen Zeilen schöpfen kann. Ich wünsche viel Spaß beim lesen und eintauchen in meine Fantasiewelt, eine Reise die sich mit Sicherheit lohnt und zum nachdenken anregt und zum träumen einlädt.

Ich heiße Sie nun Willkommen und wünsche Ihnen viel Spaß
mit:

Und Wenn ich weine...

Prinzessin Ihre Flagge die soll wehen, hart am Wind und wie
Vögel frei. Denn Prinzessin für dich reit ich, auf das Sie bald
die meine sei. Viele Burgen sind gefallen, tausend Länder sind
nun Dein. Nur für Dich du holdes Mädchen, werd ich bald der
Prinz wohl sein. Dein Name der ziert Länder, Du bist ein
Freund des Untertanen. Für die Krone auf Deinem Kopfe,
könnt niemand besser Träger sein. Mit Geduld und Feingefühl,

regierst du dieses Königreich, auch wenn Unheil uns will
drohen, bleibst Du einem Engel gleich.

Aufgabe

Ich hab nichts zu verlieren, hier ist meine Aufgabe. Ihr hört
schon Richtig,
wenn ich laut ich gebe auf sage.
Ich habe die Fähigkeit zu lieben verloren,
alle meine Träume wurden tot geboren.

Ich kann nicht mehr weiter,
weiß nicht mehr wo hin.
Weiß nicht mal mehr,
ob ich immer noch der Selbe bin.
Ich schwebe in Gedanken,
aber diese sind leer.
Ich suche meine Ziele,
doch ich finde sie nicht mehr.
Ich versuche mich zu Erinnern,
zu erinnern wie es war.
Bin ich schon immer alleine,
oder war irgendwer da?
Ich frage mein Herz,
aber dieses bleibt still.
Beantwortet mir nicht das,
was ich wissen will.
Meine Seele so kalt.
Sie redet nicht mehr.
Mein Körper die Hülle
Und sie ist viel zu schwer,
schwer von einer Bürde,
dessen Last sie nicht kennt.
Während in ihr ein stilles Herz verbrennt.

Ich hab nichts zu verlieren,

hier ist meine Aufgabe.
Ihr hört Richtig,
wenn ich laut ich gebe auf sage.
Ich habe die Fähigkeit zu lieben verloren,
alle meine Träume wurden tot geboren.

Wanderlust Einst packte mich die Wanderlust, es zog mich hinaus an Waldes Brust. Wie ein Vogel wollt ich sein, und trieb mich über Stock und Stein. Die Wetter waren mir wohl gesonnen, die Nächte haben nie zu früh begonnen. Geschlafen hab ich im Schoße der Natur, für mich ein Haus aus Wald und Flur. Mit den Flüssen bin ich gezogen, mit den Vögeln bin ich geflogen. Mit den Bäumen bin ich gereift, fast all die Wälder hab ich durchstreift. Habe die Höhen und Berge bezwungen, und viele Seen bin ich durchschwommen. Das Grün ist nicht die Farbe der Hoffnung, sondern meine. Doch auch ein Wanderer fühlt sich alleine. Wenn ich dann nachts die Sterne zähle, fühlt es sich an als ob ich irgendwo fehle.

Mein Engel Ein kalter Körper neben mir. Das Gesicht so starr, der Blick ist leer. Die Haut ganz kalt, die Lippen blass. Aus Blut wird Brei, das Herz steht still. So sieht also ein Engel aus, der Richtung Himmel will. Wo sind die Flügel? Der Heiligenschein? Das erlöste Lächeln, das Glück, des Engelseins?
Was ich hier sehe,
ist Trauer und Leid
und keine Engel in weißem Kleid.
Aus dem Leben gerissen.
Aus Liebe und Mitgefühl.
Ich bereue es mein Schatz.
Es tut mir so Leid.

Ich wollte dir nur den Frieden schenken,
deine Seele in sanfte Hände lenken.
Nun bin ich alleine,
von der Einsamkeit bedacht.

Komm dich besuchen jede Nacht.
Ich küsse deinen Mund und
kämme dein Haar.
Sag mir mein Engel,
ob das alles so richtig war?

Deine Krankheit konnte ich nicht ertragen,
nicht mehr sehn.
Verzeih mir Engel,
denn du musstest es verstehen.
Ich lege mir nun die Schlinge um den Hals.
Ich will dich endlich Wiedersehen.
Es ist soweit,
ich trete nur den einen Schritt vor,
so lieblich deine Stimme in meinem Ohr.

Der Mond Der Mond ist ein Geschichtenerzähler, erzählt von
den Menschen und ihren Fehlern. Weise beherrscht er Ebbe
und Flut, hat soviel Kraft auch ohne Sonnenglut. Strahlt hell
ohne eigenes Licht, doch hat er viele Narben im Gesicht.
Glaubt ihr nicht auch an den Mann im Mond? Der in seinem
steinigen Herzen wohnt, der Bürde trägt für das Ende der Zeit.
Auf dem Planet aus Stein in der Einsamkeit. Der Mond hat die
Geschichte gesehen, sah viel Unheil vergehen, erblickte den
bitteren Neuanfang, und wie die Welt zu sterben begann. Sah
die Freude das Elend und Leid. Besah die Gezeiten in
verschiedenem Kleid.
Er könnte so viele Geschichten verkünden,
von jedem einzeln und dessen Sünden.

Auf dem Planet aus Stein ich einst ein Feuer sah.
Man spürte die Wärme sie war ganz nah.
Schaute genau auf des Mondes Glanz
und auf den lebhaften Sternentanz.
Der Mann im Mond so weise und alt,
erspäht ewig weiter die Zeit
und der Erde Gestalt.

Kreislauf Das Kind(I) Ich habe einst so sorgen frei gelacht, über böse Träume. Bin dann nicht mehr aufgewacht, gnadenlose Schäume. Hab tausendmal gekotzt, für keinen Lohn der Welt. Liebte das Regenbogen Ende, selbst dieses ist entstellt. Der Mann(II) Ich wollt und wäre das Kind, das immer in mir war. So hatte ich's mir vorgestellt, das Kind ist nicht mehr da. Der Greis(III) Damals verlangt ich tausend Mann, sollten von Gott zehren. Nicht mal drei sind jetzt noch da, können sich nicht mehr selbst ernähren. Die Asche(IV) Bin noch immer doch nicht mehr, war an tausend Orten. So weit weg vom irgendwo, verloren in tausend Worten. Willkommen im Leben!

Mein Lied Nimm deine besten Schuhe, such dein schönstes Kleid. Schmink dich so süß gar zierlich, komm schnell beeile dich. Keine Zeit, sie fangen an zu spielen, ganz schüchtern, nur für uns zwei. Du kannst tanzen wie ein Engel, so zierlich Elegant. Bewegst dich so wie früher, wie vor dem Brand. Ich liebe dieses Lied. Es ist fast so schön wie du. Bitte dreh dich noch zweimal für mich, denn die anderen schauen uns neidisch zu. Was sie sich wohl fragen werden, denn ihre Augen verharren still. Sie schütteln mit den Köpfen, weil niemand glauben will, das du die schönste Frau hier bist. Der Abend ist schon so lange her, und die Band spielte auch nie mehr. Auch nach Jahren schauen sie mich neidisch an, fragen sich wie man so alleine tanzen kann. Ich liebe dieses Lied.

Das leise Lied des Sonnenuntergangs Wir spielen und tanzen den ganzen Tag, lachende Kinder die man nicht vermissen mag. Reife Weizenfelder, Blumen, Sonnenschein. Das Leben kann nicht schöner sein. Verliebte durch den Park spazieren, so glücklich, wollen sich nie verlieren. Auch ihr Tag geht zu ende, genau wie die Nacht. Doch dann kommt sie wieder, die Sonne, die nur für euch lacht. Doch erst wird es dunkel, ganz trostlos, so kalt.
Aus sattem grün wird schwarz,
im schönsten Wald.
Der Mond so hoch,
voller Glanz.
Singt mit mir,
das leise Lied des Sonnenuntergangs.

Auch der schönste Tag fängt kalt kann,
schreiende Kinder,
Paare schweigen sich an.
Die Sonne strahlt hell,
und wunderschön.
Auch an solchen Tagen kann Glück vergehen.
Es lag noch nie am Tag allein,
wenn Bindungen sich in Scherben zerstreuen.
Die Sonne wird auch über Verluste scheinen.
Mit oder über euch lachend,
niemals um euch weinend.

Aber auch dieser Tag geht zu Ende,
sowie die kalte Nacht.
Doch dann kommt sie wieder,
die Sonne,
die für euch lacht.

Doch erst wird es dunkel,
ganz trostlos,
und kalt.
Aus sattem grün wird schwarz,
im schönsten Wald.
Der Mond so groß,

voller Glanz.
Singt mit mir,
das leise Lied des Sonnenuntergangs.

Die schwarze Rose In einem Wald, wo man keine Vögel hört.
Wächst die schwarze Rose, vom Schatten verhüllt. Sie besitzt
viel Zauber, ist voller Magie. Wegen ihr verschiedene Mächte,
hinaus in die Länder zieh´n. Sie bringt dem Finder, und dem
Träger grenzenlose Macht. Schlägt auch dessen Sorgen nieder.
Sie ist sehr schwer zu finden,
wird sich dafür ewig,
mit dem Finder binden.

Nur reine Herzen können ihren Zauber verstehen.
Die Rose kann in jede Seele sehen.
Nur jenem der das Gute meint,
erkennt.
Nicht schwarz sondern weiß ist ihr Kleid.

Für die, die dieses Engelweiß sehen,
wird ihr Stern im Zeichen der Rose stehen.
Führt die Rose in weiß in den Wald zurück,
lange werdet ihr Leben,
voller Gesundheit und Glück.

Einst schenkte sie ein Dämon,
einem Engelherzen.
Gut und böse vereint,
ganz ohne Schmerzen.
Selbst ein Teufel damit umzugehen weiss.
Trägt nicht mehr schwarz,
sondern ist wie ein Engel so weiß

nicht in allem schwarzen das böse steckt,

es ist nur die Farbe die das weiß verdeckt.

Das Bild Einst hat sie ein Bild gemalt, von Engeln oder einer
ähnlichen Gestalt. In bunten Farben, trotzdem in schwarz. Mit
tausend Narben, und goldenem Herz. Was sie wohl dachte als
sie es malte? War sie beeinflusst vom Regen, oder gar der
Sonne die strahlte? Sie hat es mir nie erzählt, hat es in einer
Kammer versteckt. Diese Kammer ist tief in meinem Herzen,
umringt von Flammen und tausend Kerzen. Wenn ich einsam
bin schau ich es mir oft Stunden an, sehe erst dann wie schön
sie mich noch malen kann.

Lichtbringer

Wo warst du so lange,
ich hab dich vermisst.   So viele
Jahre vergangen,
mein Herz vom Frost geküsst.
Ich sehne mich schon so lange nach dir,
gib mir deine Hand,
keine Angst,
gib sie mir.
Ich halte dich warm,
will dir schöne Schmerzen schenken.
Habe keine Angst vor mir,
hör auf zu denken.
Ich breche mir für dich jeden einzelnen Finger,
vertrau mir doch,
ich bin dein Lichtbringer.
Ohne dich war mein Leben,
so einsam und leer.
Ich brauche dich,
und du mich noch mehr.
Zulange bist du von mir fern geblieben,
wollte dich immer nur über alles lieben.

In meinen Träumen waren wir uns immer so nah,
die Realität zu kalt,
du warst nie für mich da.
Ich liebe dich so sehr,
will deinen Ring an meinem Finger.
Komm zu mir,
ich bin dein Lichtbringer.

Warme Schmerzen,
meine Definition von Liebe ist.
Bitte schau mich an,
ich will nicht das du mich jemals vergisst.
Du bist endlich bei mir,
für immer zusammen.
Die Schmerzen sind da,
wir stehen in Flammen.
Du bist die einzige für mich,
wie konnte ich nur ohne dich leben.
Ach, du bist endlich bei mir.
Doch scheint es nur mein Glück zu sein,
dein Körper sagt ja.
Dein Herz schreit nein.
Ich breche mir für dich jeden einzelnen Finger,
bin ich es doch nicht,
nicht dein Lichtbringer?

Ich lasse dich ziehen,
bitte finde dein Glück.
Hast du es gefunden,
bitte schenke mir ein Stück.
Ich will dir danken,
hast mir so viel gegeben.
Brachtest warme Schmerzen in mein Leben.
Ich wünsche dir Glück,
niemals verderben.
Denk nicht mehr an mich.

Mein Leben ein Spiegel
und der liegt nun in Scherben.
Deine süßen Worte bald einem anderen singen,
ich hoffe er weiß es zu schätzen,
und wird das hellste Licht dir bringen.

Aus altem Holz (1) Aus altem Holz ist diese Leiter. Sprosse um Sprosse, und immer weiter. Fern auf zum Himmel, bis hin zum Mond, wo niemand gar niemand wohnt, dort liegt ein Stern, schon Jahre lang, ganz klein und staubig, weil niemand ihm zur Hilfe kam. Nur du hast fest an ihn gedacht, hast Tag ein Tag aus, diese Leiter gemacht. Das besteigen hat viel zu lange gedauert, jetzt bist du da oben, und der Rest hier und trauert. (2) Aus altem Holz ist diese Leiter, höher und höher, mein Sternenreiter. Auf mit uns zu anderen Planeten. Ich träume von dir, du musst jetzt für mich beten. Bete mich auch auf deine Leiter, dann gehen wir von Stern zum Mond, mein Wegbereiter. (3) Aus altem Holz ist diese Leiter, erst bricht die eine Sprosse, dann bricht sie immer weiter, von unten nach oben, gar in der Mitte auch, der Holzwurm ist viel zu oft hindurch getaucht. Schade nur sie war doch dein Lebenswerk, wir haben es nur viel zu spät bemerkt.

Wie eine Rose (1) So stolz und doch so zart, wachsend und schön wie dein Angesicht. So rot wie das Blut und das Grün der Hoffnung, gar prachtvoll und ehrlich. So wie du, so wie eine Rose.

Seemanns Brauch Unser Kompass der dreht durch, will uns nicht mehr nutzen und Krankheit zieht mir Mannschaft ab, sie sterben hier im Dutzend. Das Wasser geht uns langsam aus jeder andere Vorrat auch Ein Kapitän sinkt mit seinem Schiff, so ist des Seemanns Brauch. Soviel Seemannsgarn gesponnen, auf unserer großen Fahrt, Haie sind mit uns geschwommen, die Meere sind Rau und Hart. Der Klabautermann ist ein Lügner, er hat uns auf ein Riff getrieben, auch die Segel sind zerrissen wir bleiben auf den Riffen liegen. Bald wird uns das Meer sanft küssen, den es bricht nun Bug und Bauch. Der Kapitän sinkt mit seinem Schiff, denn so ist des Seemanns Brauch

Und wenn ich weine... Ich sitze hier im Dunkeln, starre alte Fotos an. Denke an damals, wie glücklich wir doch waren. Leider ist das schon so lange her, ich glaube du erinnerst dich schon nicht mehr. Ich habe auch so viel vergessen, wie du duftest, wie deine Küsse schmecken,
warum du mich verlassen musstest.

Manchmal,
bei Sonnenuntergang.
Beobachte ich dich,
und fange zu weinen an.

Und wenn ich weine,
bin ich nah bei dir.
Ich halte dich fest,
dann tanzen wir.
Und wenn ich weine,
dann nur um dich.

Leb wohl Prinzessin,
ich denk an dich.

Scherben Spieglein, Spieglein an der Wand, wer hat dein schönes Gesicht verbrannt? Wenn ich mein Gesicht genau betrachte, erkenne meine Fratze die ich so verachte. Hab den Spiegel nun in Scherben zerstreut. Das Feuer hat mich nie bereut. Spieglein, Spieglein an der Wand, wer hat mein Gesicht unter diese Maske verbannt? Scherben, überall Scherben. Ich will sterben, mein Gesicht aus Scherben. Ich ertrage es nicht mehr. Sie sah mich an, sie weinte los. Sie weinte um mein altes Gesicht. Meine Schönheit ist erloschen, genau wie Kerzenlicht. So wie Wachs zerflossen, vergiss mein nicht. Scherben, überall Scherben. Lasst mich sterben, haltet mich nicht. Nur noch aus Scherben, besteht mein Gesicht.

Dein Feuer kam und nahm es mir.
Zerfraß mir fast die Knochen.
Das Feuer wütete auf mir.
Hat mein Gesicht zerbrochen.

Ihr Feuer hat mich nie bereut.

Blattschuss Nur wenn ich das Feuer spüre, und eine Feuerlanze schüre. Dann mache ich Schluss, und zwar zwischen deine Augen. Blattschuss! Nur wenn ich den Einschlag höre, und den Treffer sehen kann. Wird ein Schrei die Ruhe stören, man flieht so schnell und dann? Blattschuss! Nur wenn der Qualm sich langsam legt, und ich erkennen kann. Überzeugt bin das sich nichts mehr regt, fange ich zu weinen an. Jetzt bin ich wieder ganz alleine, darf nicht mehr mit euch anderen spielen. Geh einfach in den Wald zurück, und werde mir zwischen die Augen zielen. Blattschuss! Habe ihn bei mir versäumt und bleib in kaltem Wasser liegen. Harre hier zehn Tage aus und muss am Schluss dann doch erfrieren.

Kavalier Na mein Schatz, du bist süß. Ganz allein? Willst du nicht mit mir zusammen sein? Soll ich dir den Himmel zeigen? Willst du heut Nacht nicht bei mir bleiben?

Ich bin nur dein Kavalier,
verspreche dir die Liebe,
und nehme sie mir.
Keine Angst du bist nicht die erste,

dafür aber eine der besten.
Bestimmt nicht die letzte.
Kavaliere sind wie Geier,
sie fressen die Reste.

Komm her zu mir.
Ich liebe dich so sehr.
Aber eigentlich will ich dich nur heut Nacht,
und bestimmt nicht mehr.
Eine Beziehung mit dir?
Raus aus meinem Bett.
Wisch dir die Tränen weg.
Ich fand es mit dir ganz nett.
Und mehr wollte ich auch nicht.

Ich bin nur dein Kavalier,
verspreche dir die Liebe,
und nehme sie mir.
Keine Angst du bist nicht die erste,
dafür aber eine der besten.
Bestimmt nicht die letzte.
Kavaliere sind wie Geier,
sie fressen die Reste.

Und mehr wollte ich nie.

Eine Nacht voller Wünsche Sieh dir nur den Himmel an und
wünsche dir was für mich. Jeder Stern dort ist ein Wunsch, ein
jeder nur für dich. Jeder Wunsch kostet nur einen Stern, ein
Stern fällt dann nur für dich. Alle Menschen wünschen gern,
vergesst ihr mal den Himmel nicht. Denn bald ist auch der
Himmel leer und wünschen nützt dann auch nichts mehr.

Hast du schon mal?

Hast du schon mal davon geträumt,

wie ein Engel zu fliegen?
Stark zu sein,
und dich im Winde zu wiegen?

Hast du schon mal geträumt,
vom ewigen Glück,
vom Reichtum der Gesundheit.
Dem besonderen Augenblick?

Hast du schon mal geträumt,
endlos frei zu sein?
Hast du gesungen und getanzt,
fühltest dich mal nicht zu klein?

Hast du schon mal geträumt,
jemand anderes zu sein?
Einmal anders zu denken,
mal zu weinen und laut zu schreien?

Hast du schon mal versucht einfach einzuschlafen?

Mach die Augen zu, wann kommst du zu Ruh?
mach die Augen zu, mach die Augen zu,
mach die Augen zu und träume für mich.
Komm zur Ruhe und träume für mich.

Denn ich allein glaub nur an dich.
Denn du bist die Hoffnung und träumst für mich.

Mein Versprechen Habe dir einst mein Wort gegeben, deine
Frau zu schützen und auch ihr Leben. Nach deinem Tod ist
auch sie gegangen und ich bleib in meinem Versprechen
gefangen. Nach langer Zeit habe ich sie ausfindig gemacht, sie
ausgegraben in finsterer Nacht. Habe mir vorgemacht sie doch
vor der Zeit zu schützen, um sie zu umsorgen jeden Tag zu
nützen. Nur des Abends kam ein Wind daher, verstreute ihre

Asche übers weite Meer. Was soll ich nur tun mein Freund verrate es mir, ich kann nicht schwimmen erst recht nicht durchs Meer. Was soll ich nur tun? **Komm!** Komm wir klettern immer höher, immer weiter bis zum Feuer. Was wir machen wenn wir dort oben sind, komm mit mir immer weiter mein Kind. Komm wir klettern weiter, bis zur Spitze hoch hinauf. Doch da beginnt des Lebens lauf, haben uns nicht mehr halten können, sind zu tief hinab gekommen. Und wir fallen immer tiefer, tiefer als ein Mensch je war. Tiefer als irgendjemand je sein wird. Wir waren dort es hat uns verwirrt. Und haben uns immer weiter verirrt, versuchten noch hinauf zu sehen, nur musste der Wind unsere Stimmen verwehen. Wir bleiben am besten einfach hier liegen, und werden uns die letzten Stunden nur lieben. Der Schnee hat dein Gesicht ganz sanft bedeckt, habe ihn von dir abgeleckt. Doch hat es uns beide nicht gerettet, der Schnee hat uns zur Ruh gebettet. Gab uns die Ruhe die wir brauchten, gab uns die Worte die wir suchten. Haben letztendlich den Frieden gefunden, der uns zu Hause abgebunden. Es bleibt nichts mehr von uns zurück, zerstreut sind wir und unser Glück. Also auf zu besseren Tagen, mal sehen wie weit sie uns diesmal tragen.

Verlierer Es hat mir niemand zugesprochen, drum ist mir einst das Herz gebrochen. Es zersprang in tausend kleine Stücke, nun trage ich in mir eine grobe Lücke. Schade dass dies mir passiert, es gibt halt immer einen der verliert.

Wie eine Rose (2) Als ich sie zum ersten mal, wirklich sah. Musste ich wohl träumen, ein Engel so nah? Hat so tief grüne Augen, und so rotes Haar. Ihre sanfte Stimme, ist wunderbar. Man sagt sie wäre ein Engel, ist sie aber nicht. Sie ist zwar wunderschön, trotzdem glaube ich sie sticht. Wenn sie dann vergangen, wird erst langsam klar. Eine Rose ist nur zier, ist nicht für immer da. Hast du dich dran gestochen, dann darfst du nicht vergessen. Sie ist wie eine Rose, und Rosen müssen stechen. Wenn sie dann vergangen, wird erst langsam klar.

Eine Rose ist nur zier, ist nicht für immer da. Wo sie einst gewachsen, ist nun ein leeres Gefühl. Der Wind hat sie weit fort getragen, am Ende bleibt es kühl. Denn wenn der Schnee fällt, dann fällt er auch auf eine Rose.

Weisse Luft Ich kann es in mir fühlen, so warm, so heiß. Die Sorgen fern, die Luft so weiss. Sie lässt mich in Träumen versinken, tausend Blumen die mir winken. Alles so warm, so heiß. Die Sorgen fern, die Luft so weiss.
Meine Probleme wollen einfach verschwinden,
Frauen müssen mir Liebe schenken.
Alles ist warm,
so heiß.
Meine Sorgen fern,
die Luft so weiss.
Ich kann schweben gar fliegen,
mich in den buntesten Träumen bewegen.

Doch leider nur für kurze Zeit,
mir ist kalt,
kalte Einsamkeit.
Muss sie wieder sehen.
Die weisse Luft um wärme anflehen.
Erniedrige mich bin für sie bereit,
ein tiefer Zug.
Traumzeit.
Alles so warm,
so heiß.
Die Sorgen fern,
die Luft so weiss.

Die Luft so weiss.

Blicke Ich liege auf einem Bett. Kann mich nie mehr bewegen. Maschinen und Infusionen, halten mich noch am Leben. Das Auge das einzige was ich noch lenken kann. Mein Herz schrie

laut, als es die tränen meiner Familie sah. Ich starre nun an die
Wände, meine Blicke wandern herum. Sie ertasten ein Kreuz,
und ich flehe stumm. Ich liege doch schon vor dir, warum
willst du mich nicht? Hol mich endlich zu dir, ich fürchte mich.
Hab Mitleid und erlöse die meinen von mir. Ein kleiner
Wunsch, hol mich endlich zu dir. Das Geräusch der
Maschinen, meine Gedanken stört. Meine Liebe bricht
zusammen,
als sie die Diagnose der Ärzte hört.
Sich dies alles vor meinen Augen ereignet.
Kann mich nicht bewegen,
aber meine Seele sie leidet.
Wie soll ich leben und wie soll sterben?
Lasst mich nicht die Ruhe erben.

Meine Blicke wandern wieder umher,
verharren am Kreuz,
sie wünsche sich so sehr.
Wünschen sich nur einmal weinen,
um das verlorene Gefühl in den eigenen Gebeinen.

Ich liege doch schon vor dir,
warum willst du mich nicht?
Hol mich doch endlich zu dir,
ich fürchte mich.
Erlöse doch endlich die meinen von mir.
Hol mich doch endlich zu dir.

Nach zehn Jahren,
es ist soweit.
Sie stehen alle vor mir,
in schwarzem Kleid.
Sie geben mir den letzten Kuss,
weil nun die Maschine abgestellt werden muss.

Jetzt sind auch meine Blicke starr.
Die Gesichter das Kreuz,
es ist nichts mehr da.

Schnee der Zeit Weil der Schnee der Zeit, immer bitter schmeckt. Wird auch der letzte Träumer, bald aufgeweckt. Ernüchtert steht er dann. Im Spiel des Lebens. Versucht zu gewinnen, doch dies vergebens. Der Schnee der Zeit, fällt auf die Erde nieder. So langsam, ganz sanft und immer wieder. Er hat auch den letzten Schläfer geweckt. Die Welt unter kaltem Eis. Versteckt. Das schöne Weiß bedeckt nun, jeden einzelnen Stein.
Die Träumer verweilen,
Tag aus und Tag ein.
Sie sind im Leben stehen geblieben,
bleiben ganz kalt,
ganz weiß,
wie Schneeflocken liegen.
Die Welt und das Leben,
nun ein weißer Ball.
Alles kalt und still,
und das überall.
Keiner der Träumer mehr,
weit und breit.
Von weißem Frieden verzaubert und eingeschneit.

Nun ist die Erde ganz friedlich und ruhig.
Sie genießt ihren kalten Frieden,
und denkt ohne Reue an die Schläfer zurück.
Sie haben eh nur von Macht geträumt
und die eigentlichen Werte schon lange versäumt.

Er hat uns vergessen,
jetzt ist ihm kalt.
Der Schnee nicht den Träumern,
sondern dem Planeten galt.

Nun ein trauriger Planet in weißem Gewand,

das letzte bevor er in unerfüllten Träumen verschwand.

Warum!? Warum muss ich dich trösten, und die anderen schenken dir nicht einmal ein Lächeln? Warum will ich dich in den Armen halten, wenn andere nicht mal für nötig halten dich so zu nehmen wie du bist? Warum fange ich dich im Leben auf, wenn anderen egal ist das es dich überhaupt gibt? Warum bin ich jeden Tag bei dir und liege Nachts alleine im Bett und zerbreche mir den Kopf über das was man dir nun wieder antun könnte? Warum nehme ich dir immer die Tabletten weg, während andere sich auf Partys betrinken und feiern? Warum lass ich nicht zu das dein Leben dich quält und andere froh sind wenn du endlich gehst? Warum wische ich dein Blut von den Fliesen, nach jedem einzelnen Selbstmordversuch, wenn andere vor dem Fernseher sitzen und sich über andere amüsieren? Warum das alles? Weil ich dich verdammt noch mal Liebe. Du siehst es nur nicht!

Kapitän

Einsam treibt durch kaltes Wasser,
ein aus Holz geschlagenes Schiff.
Es treibt ganz leise zwischen den Ufern,
ganz sanft und doch so ungewiss.
Viele Sagen und Geschichten,
hat es mit sich fort getragen.
Zu viel Ballast an toten Träumen,
sind im inneren begraben.

Auch der Wind singt seine Lieder,
über dieses eine Schiff.
Von den Männern die es liebten,
und deren Ende auf dem Riff.

Doch manchmal sieht man einen Schatten,
ganz langsam über Planken gehen.
Denn der Kapitän des Schiffes,
darf nur in den Himmel sehen.

Es bleibt einer für alle,
es sanken alle für einen.

Und wenn es an den Ufern landet,
heuern nur die Toten an.
Mit zwei Münzen auf den Augen,
zum Gruß Ahoi dem Fährmann.
Wenn die Segel wieder flehen,
sticht das Schiff erneut in See.
Die Flagge schlägt durch Nebelwände,
sie vertreibt sogar den Schnee.

Es bleibt einer für alle,
es sanken alle für einen.

Nur den Toten gebührt der Landgang,
dürfen an die Ufer gehen.
Zurück bleibt er, der Herr des Schiffes,
er darf nur in den Himmel sehen.
Steht im Wind mit seinen Münzen,
für diese hat er Leid getan.
Hält sie in der kalten Hand,
zum Gruß Ahoi dir Kapitän.
Es versanken alle für einen,
es bleibt einer für alle.

Träume Träume sind aus Mut gemacht, folge dem Ziel sie zu
verwirklichen, und die Zukunft lacht. Träume wird es für jeden
geben, ohne sie wäre es ein trauriges Leben. Meine Träume
geben mir schon immer Kraft. Manche habe ich verwirklicht,
ja ich habe es geschafft. Seine Träume man auch leben muss,

koste sie aus bis zum Schluss. Denn wer sein Leben lang träumt, der auch sämtliche Schmerzen versäumt. Ein Leben so schön wie ein Traum? Glaub mir das gibt es, nur fasst man es kaum. Träume sind Schäume hört man nur die sagen, die sich nicht in Träume wagen. Natürlich können auch Träume platzen. Und wenn? Dann fass Mut und träum den nächsten. Wenn man träumt man auch viel glücklicher ist, solange man die Verwirklichung nicht vergisst. Träumt schön weiter, ihr schafft das schon. Irgendwann gebt ihr sie weiter, an Tochter oder Sohn. Sie sollen schöne Träume erleben, und sie nie enttäuscht wieder aufgeben.

Was kann ich dafür? Was kann ich dafür? Das alles wie dein Name klingt. Was kann ich dafür? Das mein Herz ständig Lieder für dich singt. Was kann ich dafür? Das du mich nicht siehst. Was kann ich dafür? Das du jemand anderen liebst. Was kann ich dafür? Das ich in deinen Augen versinke. Was kann ich dafür? Das ich ohne dich im Leben ertrinke. Was kann ich dafür? Das mein Herz für dich schlägt. Was kann ich dafür? Das ich der bin der deine Tränen trägt.

Was kann ich dafür?
Das du so weit weg bist.
Was kann ich dafür?
Das du mich nicht vermisst.
Was kann ich dafür?
Das du mich immer noch nicht siehst.
Was kann ich dafür?
das du jemand anderen liebst.

Was kann ich dafür?

Der blinde Maler Es will in meinen Bauch hinein, da wo die Schmetterlinge sind. Ein Greis malt tausend Bilder, schmeckt sie nur. Ist schon immer blind. Der Greis er rollt auf kleinen

Rädern, die Pest riss ihm die Beine fort. Will die Treppe rauf zum Himmel, verliert sich an einen anderen Ort. Scheint nun auf einem Stuhl zu sitzen, dieser ist kalt zerkratzt die Haut. Er genießt die Stille und weint ganz leise, man hat ihm seine Bilder geklaut. Nun malt er wieder, jedes einzelne Bild ganz von vorn. fangt sich Farben von Sternen und Wind. Arbeitet vertieft an seinen Bildern, der Greis ist wieder jung, aber trotzdem blind.

Feuer Ich streue mein Feuer über das Meer, mit der Front zum Mond. Flammen reiten mit den Wellen, der Ozean färbt sich rot. Die See scheint wie Benzin, sie trägt nur mein Boot. Wo bist du hin? So Jahre lang weg von mir.
Ich zünde für dich mein Feuer,
es beleuchtet den weg zurück zu mir.

Komm dorthin wo die Flammen sind.

Ich streue mein Feuer über die Wälder,
mit dem Rücken zur Sonne.
Feuerzungen schlagen ganz gierig,
weil sie Zeichen geben wollen.
Das Gras schwimmt in Spiritus,
und gibt der See nen Abschiedskuss.

Wo bist du hin?
So Jahre lang weg von mir.
Ich zünde für dich mein Feuer,
es beleuchtet den weg zurück zu mir.
Komm dorthin wo die Flammen sind.
Ich streue mein Feuer durch die Luft,
mit dem Gesicht zu den Sternen gewand.
Der Himmel glüht grell,
es fällt ein glühender Vorhang.
Die Wolken fliegen tief und scheinen aus Gas,
sie streicheln ganz sanft über das Gras.

Wo bist du hin?
So Jahre lang weg von mir.
Ich zünde für dich mein Feuer,
es beleuchtet den weg zurück zu mir.

Komm dorthin wo die Flammen sind.

Damit wir teil des ganzen sind.

Brautschau Er denkt es ist ein guter Tag, um sich Frauen
anzuschauen. Freut sich schon so lange drauf, hat nicht vor es
zu bereuen. Schlägt nun die erste Seite auf, sieht lange glatte
Haare. Nein zu blond und aufgetakelt, für ihn nicht ganz das
wahre. Die nächste ist ihm viel zu nett, hat viel zu große
Augen. Nein, er braucht nur was fürs Bett, nur dafür muss sie
taugen. Die dritte ist für ihn zu dünn, hat nicht vor sie zu
ernähren.
Die Traumfrau ist noch nicht dabei,
das kann ja noch was werden.

Wer sucht der findet denkt er sich,
er blättert munter weiter.
Ja, die mit Porzellangesicht,
er lächelt auf, ist heiter.
Ja, genau sie muss es sein,
genau das wonach er suchte.
Hat sich noch gerade fein gemacht,
bevor er sein tun verfluchte.
Denn es springt die Tür entzwei,
nach einem lauten Knall.
Fünfzehn Mann stürzen herbei,
jetzt sind sie überall.
Hände hoch und auf den Boden!
Hört man sie laut sprechen.
Frauenhandel ist verboten,
ist ein Schwerverbrechen!

Los geht nun die Ballerei,
keiner will sich ergeben.
Aufgeschreckt und dann zerfetzt,
verloren ist sein Leben.
So wie er da am Boden liegt,
mit Tränen im Gesicht.
Er will zurück ins Ehebett,
doch da wird er nicht vermisst.

So endet nun ein guter Tag,
um sich Frauen anzuschauen.
Hat es zum Schluss dann doch bereut,
und keiner wird ihn bedauern.

Zukunft Wenn man keinen Willen hat, muss man andere
brechen, muss enttäuschen, Arschloch sein, es brechen die
Versprechen. Wenn man keine Zukunft hat, auch diese ist
zerbrochen. Man hat sein ganzes Leben satt, versprochen ist
versprochen? Wenn man keine träume hat, enttäuscht man sich
nur selber. Man wischt zum Fluch die Tränen weg, besucht die
fremden Gräber. Wie mein Leben ist?
Ach, wenn ich es ändern könnte.
Ich schwöre ich wäre ein besserer Mensch,
der auch anderen das Glück gönnte.

Hier im Stillen sitze ich und denke was will da noch kommen?
Doch im Grunde weiß auch ich, die Zukunft hat begonnen!

Deine Legende Das Jahr der Schatten ist vorbei, nur noch schwarze Dämmerung. Ein düsteres Jahr dass Narben riss, ist nur noch Erinnerung. Doch folgt das Jahr der Traurigkeit, macht euch bereit es ist soweit. Die Generation im Koma, der Regenbogen zerfällt, selbst die Sonne welkt, zerspringt wie unsere Welt. Der Stein ist zu Sand geworden die Asche bricht auf nach Norden, der Stein hat für uns gestanden deine Legende wurde falsch verstanden. Einfach miss- und falsch verstanden. Strafe unsere Dummheit. Die Hitze des Jahres glüht langsam aus, die blinden Zeugen halten die Stille nicht mehr aus. Die Schar der Kinder mit grauem Haar, besingt dich und deine Legende ihr seid wirklich wahr. Der Stein ist zu Sand geworden die Asche bricht auf nach Norden, der Stein hat für uns gestanden deine Legende wurde falsch verstanden. Einfach miss- und falsch verstanden. Strafe unsere Dummheit. Denn diese Stille ist dein Wille.

Wiegenlied Es legt sich eine Strophe sanfter Worte auf dein Bett, ich weiß du liebst dieses schöne Lied. Ich könnt die ganze Nacht dir singen, nur für dich, dein Wiegenlied. Es soll dir die Ruhe bringen,
die du für süße Träume brauchst.
Wie von Engeln soll es klingen,
damit du nie ins Dunkel schaust.

so wie ich es für dich singe
sollst du Kraft und Kindheit leben,
Es soll dir schönste Wünsche bringen,
dir immer deine Hoffnung geben.
Ach, du liebtest dieses Lied,
hast es selbst mit mir gesungen.
Doch das ist nun zehn Jahre her,
doch das Lied ist nie verklungen.

Herzensbrecher Warum akzeptierst du nicht das was uns zusammenführt, trittst nach dem Glück eh es dich verführt. Du gibst uns nicht mal eine Stunde, und dem Neider springt es aus dem Munde. Das was man sich im Traum versprochen, ist in Tränen schon zerbrochen. Der Anfang wird im Keim erstickt, bevor es überhaupt ein Ende gibt. Wenn ich dich doch im Sinne trage und immer wieder nach dir frage. Wenn ich doch dauernd von dir träume keine noch so kleine Gelegenheit mit dir versäume. Immer wenn ich dann traurig bin, hasse ich mich dafür wer ich bin. Die Liebe ist der größte Herzensbrecher, hält dir dann die Lügen vor. Ein jeder von uns weiß es besser. Ich war nicht immer traurig, wenn ich dich verlor.

Es reicht! Aus der Traum, es wurde genug gesprochen.
Versprechen schon viel zu oft gebrochen. Genug der leeren
Worte, jetzt folgen taten. Der Tanz beginnt, ihr habt schlechte
Karten. Jetzt wird erst mal operiert,
Waffensysteme ausprobiert.
Die Schonfrist ist nun endlich vorbei.
Schlachtfeld abgesteckt,
Feuer frei!

Es reicht, nun ist Schluss.
Jetzt wird gekämpft,
weil gekämpft werden muss.
Es wurde viel zu lange gesprochen,
und heute,
ja heute wird zurück geschossen.
Ihr wolltet es so,
so könnt ihr es haben.
Liege schon lang,
im Schützengraben.
Für Kompromisse ist es jetzt zu spät.
Nun werden Feuerlanzen ausgesät.
Streufeuer werden großzügig verteilt.

Auf zu euren taten es ist soweit.
Es reicht nun ist Schluss.
Jetzt wird gekämpft,
weil gekämpft werden muss.
Wir haben viel zu viel diskutiert,
heute Nacht wird bei euch einmarschiert.

Es reicht!

Treu bin ich Treu bin ich dir, der einen Mutter, die niemals
meine eigene war. Treu bin ich dir, für das Futter, das niemals
für mich bestimmt war. Treu bin ich dir, dem Vater, der
niemals mein eigener war. Treu bin ich dir, für das Wasser, das
niemals für mich gedacht war. Treu bin ich dir, der einen
Schwester, die niemals meine Schwester war. Treu bin ich dir,
für das Blut, das niemals mein eigenes war. Treu bin ich dir,
dem einen Bruder,
der nie mein eigener Bruder war.
Treu bin ich dir,
für dein Knochenmark,
das mir nie gegeben war.

Treu bin ich euch,
der einen Familie,
die niemals meine eigene war,
ohne euch wäre ich nicht am leben,
ohne euch wäre ich nicht mehr wahr.

Das Phantom In den Kellern diesen Hauses, versteckt tief
unten, ja da haust es. Eine traurige Gestallt, erscheint wie
tausend Jahre alt. Trägt eine Maske über dem Gesicht, zaubert

sich oft den Geruch von Blumen, denn den vergisst er nicht. Spielt mit seinem Schatten, weil nur noch dieser spricht. Tief hier unten in der Einsamkeit, zaubere ich ein Lied für dich. Meine Liebste wie nur konntest du mich vergessen. Du fühlst dass ich noch lebe, ich bin und bleibe von dir besessen. Als du mich in das dunkel gestoßen, sind gar keine Tränen geflossen. Schade um unsere verlogene Zeit. Ich kann warten bis in deine Ewigkeit. Ich bin der einzige Maskenträger, die Spiegel verspricht es immer wieder. Ich muss die eine Melodie nur finden, um mein Leben in einen Strauß aus Blumen zu binden. Werde ihn an deinem Stein niederlegen, ich habe auch dir schon lange vergeben. Tief hier unten in der Einsamkeit, zaubere ich ein Lied für dich. Meine Liebste wie nur konntest du mich vergessen. Du fühlst das ich noch lebe, ich bin und bleibe von dir besessen. Ich pflege deine Erde, noch schöner als ich je werde.
Will das die Blumen wachsen,
die Bäume um uns tanzen.
Sie sollen nur eins verstehen.
Nur du durftest mich sehen.

Stampfer Stampfend zieht sich eine Furche durch ein Rosenfeld, zerbricht und knickt die Blüte die zu Boden fällt. Es zerbricht eine wundervolle Pracht, durch höhere Gewalt kaputt gemacht. Ich marschiere durch die Gräser und habe es geschafft, man schimpft mich nur den Stampfer und ich bin durch den Namen gestraft. Wenn ich Schönheit sehe, muss ich diese zerstören, ich kann es nicht ertragen wenn ich meinen Namen höre. Stampfer, Stampfer hässlich wie die Nacht so bleibt er, erst gekuckt dann kaputt nur das eine kann er. Stampfer! Meine Mutter liebte Blumen man hat sie darunter begraben, selbst mein Vater streute sie und rief dabei ihren Namen. Bis auch er die Ruhe fand, erstickt mit einer Blume in der Hand. Sie sind alle fort gegangen haben dieses Rosenfeld gesät, und ich habe es alleine ohne Hilfe abgemäht. Ja, ich zerstampfe eure Lieblingskinder, sie machen mich verrückt, und steht nur eine Blume wird auch diese von mir zerdrückt. Nichts wird mehr an euch erinnern dafür sorge ich, und eure hübschen Rosen. Ja, die hassen mich. Stampfer, Stampfer hässlich wie die Nacht so bleibt er, erst gekuckt dann kaputt nur das eine kann er. Stampfer! Wenn ihr mich hört dann kommt mich holen, wenn ihr mich hören könnt dann holt mich, wenn ihr mich sehen könnt dann holt mich Heim. Ich bin nicht so schön wie eure Rosen und werde es nie sein. Stampfer, Stampfer hässlich wie die Nacht so bleibt er, erst gekuckt dann kaputt nur das eine kann er. Stampfer! Wenn keine Rosen mehr wachsen, vielleicht irgendwann, erkennt ihr dass auch ich schön sein kann.

Ich Meine Tränen mag ich mir nicht verkneifen. Ich muss los und nach den Sternen greifen. Zwar ist mein Stolz von Gott gegeben, doch muss ich diesen nicht immer hinnehmen. Ich kämpfe mit meinen Gefühlen und zwar mit offenem Visier, was zerstört ist, ist nur mein Stolz. Obwohl ist er nicht nur Zuckerguss auf Holz?

Allein Sie tanzen mit mir die Schatten, mit mir allein, mit mir allein, ganz allein. Sie singen mit mir die Sorgen, mit mir allein, mit mir allein, ganz allein. Sie spielen mit mir die Schmerzen, mit mir allein, mit mir allein, ganz allein. Sie reden mit mir die Seelen, mit mir allein, mit mir allein, ganz allein. Sehe ich nur die Schatten? Nur ich allein? Sie sind doch real? Oder bin ich allein? Singe nur ich mit den Sorgen? Nur ich allein? Ich kann sie doch hören. Oder bin ich allein? Spiel nur ich mit den Schmerzen? Nur ich allein? Ich fühle sie doch. Oder bin ich allein? Hört ihr nicht die Seelen? Reden sie nur mit mir allein?
Ich kann sie doch hören,
auch sie sind allein.

Bin ich nur geblendet vom Sonnenlicht?
Das kann nicht sein.
Einer von Tausenden
und allein?
Einer von Millionen,

trotzdem allein?
Einer für immer.
Auf ewig allein?

So Allein darf Niemand sein. Nein!

Friedhofsgärtner Eines Nachts wurde er wach, von einem unbestimmten Krach. Von dort oben von den Dächern, kommt Gejammer, kommt Gekicher. Was wird wohl dort oben sein dachte er und dreht sich um. Hört noch mal genauer hin nun ist es ruhig nun ist es stumm. Jede Nacht der selbe Lärm hört man ihn am Morgen fluchen, heute Abend werde ich den Grund für diese Unruh suchen. Die Uhr schlägt laut und er schreckt auf, auf die Dächer will er gehen. Sein Fenster steht einen Spalt nur auf, wo die Gardinen im Winde wehen. Da sind nun diese Laute wieder, von dort draußen hoch vom Dach, ich muss wissen was dort los ist, sonst hält es mich noch ewig wach. Schritt für Schritt die Treppe steigen, vor einer Türe bleibt er stehn, mit einem knarren geht sie auf und es ist nichts zu sehen. Weiter auf den nassen Brettern Die bei jedem Schritt laut quitschen, er bleibt dann vor entsetzen stehn, dort sitzt vor ihm ein Mädchen. Hallo kleine, hörst du mich was suchst du denn hier oben? Keine Antwort ist zu hören, nur des Windes toben. Langsam geht er auf sie zu, um nach ihr zu greifen, sie sieht in an mit Angst im Blick und fängt bitterlich an zu weinen. Meine Mutter ging einst fort, sie hat mich wohl vergessen, sie hörte nie als ich sie rief und brachte nicht mal Essen. Ich hoffe sie hat sich nichts getan und kommt mich bald hier holen, doch zu viele Jahre sind verstrichen und meine Kindheit ist bestohlen. Meine Freunde sind die Sterne, sie weichen nie von meiner Seite, jeden Abend sitze ich hier und schaue in die Weite. Du armes Ding dachte er sich, wirst wohl noch ewig warten. Doch deine Knochen nehme ich und begrabe sie würdevoll im Garten. Von da kannst du deine Freunde sehn und hoffentlich eines Tages zu ihnen gehen.

Trennungsschmerz Langsam kriecht die Klinge, über weiße Haut. Kein klagen ist zu hören, trotzdem klagt es laut. Er zieht gerade Linie, mit scharf geschliffenem Stahl. Kein entsetzen zu erkennen, keine Spur von Qual. Noch schnell einen Brief geschrieben, das große Wort zum Schluss, Bevor die Knochen liegen blieben, noch nicht mal Abschiedskuss. Langsam läuft ein warmer Regen, in ein großes Weizenfeld. Dort wo sie sich einst noch liebten, nun eine Träne zu Boden fällt. Ach wo ist nur die Zeit geblieben die uns zusammen hielt, sie ist zu schnell im Sand verronnen hat nur mit uns gespielt. Ein Gesicht in roter Pfütze, dessen Körper ihn stützen will. Du bist hier und nicht bei ihm? Fragt er leis ganz still. Die Minuten sind nun still geblieben, genau so wie sein Herz. Lässt ihn im eigenen Blute liegen, ist viel zu groß ihr Schmerz. Sie hat noch seinen Brief gelesen, sein berühmtes Wort zum Schluss. Auch als die Knochen liegen blieben, keinen Abschiedskuss. Ach wo ist nur die Zeit geblieben die uns zusammen hielt. Sie bleibt nun am Boden liegen hat nur mit uns gespielt. Ach wo ist nur die Zeit geblieben die uns zusammen hielt. Sie hat den Stein zu Staub gerieben und ihre Wirkung bei uns verfehlt. Es gab keinen Abschiedskuss, noch nicht einmal zum Schluss.

Tiefflug (Mein Haar)

Der Weg ist zu ende, die Straßen sind fort.
Zerschmettert ist die Zukunft,die Träume, auch dieser Ort.
Das Ziel war einst so klar und scharf,
zu schade dass ich hier nicht mehr träumen darf.
Man hat mir das große Glück versprochen,
nur hat es mir mit einem Augenzwinkern die Beine gebrochen.
Ich habe dem falschen Weg vertraut,
die anderen verworfen und sogar verbaut.

Erst das eine Haar,
dann ein zweites vielleicht.
Ein drittes und ein viertes Haar.
Auch ein fünftes für mein siebtes Jahr
und ganz bestimmt noch ein Paar,
wenn ich zulange warte ist keins mehr da.
Sie fliegen wie Insekten,
doch nur um mich zu retten.

Sie fliegen für mich im Tiefflug um neue Wege zu betten.
Um mich an mein leben zu ketten.
Sie weben meine Brücke über Klippen und jede Lücke.
Die Brücke kann ich nur nie erreichen,
habe gar kein Haar mehr auszureißen.
Die Brücke ist so grau gar weiß geworden.
Schwebt langsam zu Boden, zerspringt in Insektenhorden.
Keiner vermag zu sagen ob sie ewig weiter fliegen,
jetzt ist alles fort und mir ist kein Haar geblieben.

Erst das eine Haar,
dann ein zweites vielleicht.
Ein drittes und ein viertes Haar.
Auch ein fünftes für mein siebtes Jahr
und ganz bestimmt noch ein Paar.
Ich habe viel zulange gewartet es ist keins mehr da.

Es tut mir Leid Wie oft habe ich alleine geweint, habe mich
nach dir gesehnt. Habe mich von dir verstanden gefühlt, und
des Nachts deine Haut berührt. Wie oft habe ich Briefe
geschrieben und dir meine Situation zu verstehen gegeben. Ja!
Ich möchte die zweite Chance haben, und dich noch einmal zu
den Sternen tragen. Es tut mir Leid das du nur zu mir aufsiehst,
weil ich dich fallen gelassen habe. Es tut mir Leid das du nur
siehst wie ich über dir lebe. Wie oft habe ich dir heimleuchten
wollen,
viel zu oft mussten Tränen rollen.
Wie oft habe ich versucht uns halt zu geben,
bis wir dann ins straucheln kamen und einfach liegen blieben.
Unzählige male habe ich Kinder nach dir benannt,
sie haben nie das Wunder ihres namens erkannt.
Wie oft vertraute ich der falschen Macht,
sie belog mich, ich habe Fehler gemacht.

Es tut mir Leid das du nur zu mir aufsiehst,
weil ich dich fallen gelassen habe.
Es tut mir Leid das du nur siehst wie ich über dir lebe.

Ich komme bald zu dir und hebe dich hinauf zu mir,
ich komme zu dir und bleibe entweder mit dir liegen oder wir
werden beide fliegen.

Es tut mir Leid das du nur zu mir aufsiehst,
weil ich dich fallen gelassen habe.
Es tut mir Leid das du nur siehst wie ich über dir lebe.
Es tut mir Leid das ich dich habe fallen lassen,
dich alleine gelassen habe in einer Welt die nie für dich
geschaffen war.

Stein (Deinen Namen) Deinen Namen werd ich meißeln, auf
einen Stein im Nirgendwo. Ich verwische deine Spuren. Werde
dein Werk verbrennen, und wenn ich damit Fertig bin, wird
Niemand dich mehr kennen. Deinen Namen wird man beten,
deinen Namen wird man lesen, diesen Namen wird man
flüstern, wenn einem Unrecht widerfährt. Man wird ihn in
Verbindung bringen, mit dem was so Passieren kann. Die Pest
soll man von ihm kriegen, und Impotenz für jeden Mann. Ja,
deinen Namen werd ich meißeln, in einen Stein im Nirgendwo,
werd ihn aus allen Büchern reißen, vergessen bist du sowieso.
Ich verwische deine Spuren, grab dir ein Loch im Nirgendwo.
Unterm Stein in den ich deinen Namen schlug. Bei Regen und
bei Tränen, und wie ich weinte als ich sie vergrub. Ich fürchte
ich denk an was, an irgendwas ich weiß nur dass. Es ist ein
Name den ich suche,
der von einem Stein den ich einst las.

Deinen Namen wird man beten,
deinen Namen wird man lesen,
diesen Namen wird man flüstern,
wenn einem Unrecht widerfährt!

Vergiss mein nicht Ich habe mein Spiegelbild im Wasser
gesehen, wie konnte die Jugend so an mir vorüber ziehen?

Gealtert in der Drehung einzelner Stunden, erst vor Tagen doch der Mutter entbunden. Ich werde bald die Quelle finden, sie wird die Jugend an mich binden, die Quelle die den Fluch zerbricht. Ich gehör nur dir Vergiss mein nicht. Ich werde meine Haut erst glätten, dann wieder auf die Knochen betten. In die Oase der Jugend tauchen Und nie mehr einen Spiegel brauchen. Ich habe die Quelle der Jugend gefunden, ich bin in diese eingebunden. Ich bin das schönste und jüngste Gesicht, ich bin die Schönheit Vergiss mein nicht. Doch wenn ein Stein in das Wasser fällt. Die Schönheit vor mir zerschellt. Zerbricht in Scherben mein Gesicht. Meine Maske fällt Vergiss mein nicht. Ich bin die Schönheit, die wahre Schönheit. Ich bin wie Gottes Licht ich bin das Paradies. Vergiss mein nicht wenn es zerbricht, Vergiss mein nicht, nicht mein Gesicht. Die Jugend war mir nie gegeben, geschweige denn das Paradies. Werde in den Spiegeln leben, ich drehe ihn einfach um den Spieß. Ihr wart nie schön ihr wart immer hässlich, nur im Gegensatz zu mir seid ihr vergänglich, ihr seid so sterblich ihr habt nur mein Gesicht, Vergiss mein nicht.

Kerze Ich habe an dich gedacht, heute Morgen, heute Mittag, heute Nacht. Ich habe an dich gedacht, von damals bis Heute, wie hast du das gemacht? Der erste Gedanke dreht sich sofort um dich, das letzte was ich sehe ist dein Gesicht. Ich habe dir eine Kerze mit Streichholz angemacht, habe wieder nur an dich gedacht. Warum hat der Wind sie nicht ausgeweht und zugelassen dass alles in Flammen steht? Ganz hektisch fliegt die Asche, vermischt sich mit der Glut. Der Qualm hat sich in meine Augen geschlichen ich weiß jetzt wie weh das Feuer tut. Ich habe an dich gedacht, als ich wieder zu mir kam. Ich freu mich wie ein Kind, das ich dich noch fühlen kann. Ich lehne mich zurück, lege den Kopf in deinen Schoß. Sag noch mal wie blau der Himmel ist, unser Wolkenschloss ist wie groß? Ich denke an dich Tag ein und Tag aus, lass dich mal fühlen, wie siehst du wohl heute aus. Ich schlendere mit dir Hand in Hand durchs Himmelszelt, solange bis die nächste Kerze umfällt.

Auf Wiedersehn Versprich mir dass du mich rufst, wenn du mich brauchst. Ich hoffe das du an meine Treue, zu dir glaubst.

Wenn du mich rufst, will ich hinter dir stehen. Jetzt gibt es nur
eins zu sagen, auf Wiedersehn. Ich verbrachte mit dir, eine
wunderschöne Zeit. Aber ich muss weiter, es ist soweit. Denk
nicht mehr an mich, bitte hör auf zu weinen.
Die Sonne wird auch ohne mich,
immer weiter scheinen.
Auf all meinen Wegen,
werde ich an uns denken.
Möchte dir tausend und mehr,
schöne Träume schenken.
Ich wünsche mir das die Erinnerung an mich bleibt,
und das dein Herz dem meinen,
eines Tages verzeiht.
Danke für das gegebene Glück,
ich bringe es dir bestimmt bald zurück.

Auf meiner Reise da fehlst du mir,
ich träume und will zurück zu dir.
Doch muss mich besinnen,
bin an meinen Weg gebunden,
du hast bestimmt dein Lächeln schon wieder gefunden.
Bitte denk nicht mehr an mich,
will nicht das dein Herz zerbricht.
Der Abschied von dir viel mir so schwer,
bald erinnerst du dich nicht mehr.
Es ist besser für uns beide und
es wäre gerechter wenn nur ich Leide.

Bald werden wir ihn verstehen,
den bösen Satz,
auf Wiedersehn.

Schatten Dieses Licht, dieses grelle Licht! Nehmt die Sonne
weg sonst verbrennt sie mich! Kreaturen wie ich, sich nach
dem Mondschein sehnen. Wir wollen Blut schmecken, es
trinken aus warmen Venen. Schlafen am Tage in einem Sarg,
weil niemand von uns die Sonne mag. Wenn wir in der Nacht
dann schreiten, lassen wir uns vom Blutdurst leiten. Kein

eigenes Herz, kein eigenes Blut. Lenkten sie schon immer auf
uns des Himmels Wut. Es hat sich etwas zugetragen, für mich
unerklärlich, niemand will danach fragen. Eine Gestalt wie ich,
es ist so sonderbar. Gab den Mondschein auf,
für Sie und ihr goldenes Haar.
Er war doch verdammt für die Einsamkeit,
doch erlangte er durch die Frau die Zweisamkeit.

Von ihm ging etwas aus.
Ein seltsamer Geruch,
ein Duft von Blumen und nicht Leichentuch.
Sein Glück ließ ihn innerlich wieder zum Menschen werden.
Doch vergaß er seine Hülle,
sie war sein verderben.
Wollte auch am Tage bei ihr sein,
und übersah dabei den Sonnenschein.
Als er das zu spät erkannte,
er auch schon in ihren Armen verbrannte.
Sie hielt entsetzt seine Asche fest,
und weinte so bitterlich als auch diese sie verlässt.

Sie entschloss sich dafür bei ihm zu sein,
ich erfüllte ihren Wunsch im Mondenschein.
Ich keine sterbende jemals glücklicher sah.
Tränen vor Glück sie war fast da.

Das leise Danke in den Schatten habe ich nicht mehr gehört,
Denn die Sonne hat auch mich gestört.

Danke Ich möchte mich bedanken, für süße Nächte, für
Träume und Rosen, auch für traurige Gedichte. Auch sage ich
dank, für das hier und jetzt. Vor Jahren hat mich dieses, noch
grässlich verletzt. Dies ist vorüber, ich denke aber oft daran.
Ein Danke für mich, und für jedermann. Danke für eure
Tränen, für die Hoffnung in mich. Danke auch an die, dessen
Zeit schon verstrich. Das berühmte Wort zum Schluss, ist nun
gesagt. Nochmals Danke, seht ihr ich habe doch nicht versagt.
Vielen Dank für euch.

Auf Wiedersehen.
Höre nun auf zu schreiben,
muss meinen weg weitergehen.
Danke.

Von diesem Worte entzückt,
hat er die Augen geschlossen und abgedrückt.

Ich lebe Ist gerade noch mal gut gegangen, war in einem
Wrack gefangen. Habe schnell entfliehen müssen, und meine
Frau zurückgelassen. Ich habe schon soviel aufgeben müssen
man muss es nur zu schätzen wissen, Unkraut vergeht nicht
und verliert auch nie das Gleichgewicht. Ich habe alles
überstanden schade nur für alle anderen, ich bin ein
Überlebenskünstler für mich geht meine Seele unter. Ist schon
wieder gut gegangen, nachdem die Rauchmelder lauthals
sangen, es kam ein Rettungstrupp vorbei, blieb zu lange im
Feuer und ich war frei.
Ich lebe!
Ich lebe immer weiter.
Ich bin ein Überlebenskünstler.
Ich lebe!
Ich lebe immer weiter.
Für mich gehen alle anderen unter.

Ich fühle mich so allein,
doch ich überlebe immer.
Ich will bei all den anderen sein,
doch ich überlebe es immer.

Ich habe alles überstanden das spricht nicht mehr für mich.
Ich bin ein trauriger Überlebenskünstler denn ich sterbe nicht.

Blaue Augen So tiefe und so blaue Augen, so versunken in der
See. Will sie in die Tiefen tauchen, oder wartet sie nur auf
Schnee? Mit schönem Kleid und sehr geschminkt, und die See
schlägt Wellen ist gleich gesinnt. Beide warten auf den Schnee,

jeder Abschied tut so weh. Warten beide auf das Eis, und sie weint für sich ganz leis. So tiefe und so blaue Augen, sie verharren in der Starre. Genießt jenen Augenblick, nun ist er endlich da. Es schlagen sanft die Wellen über, und sie greifen nach der Frau, tragen sie in ihre Mitte, und färben ihre Lippen blau. Sie warten beide auf den Schnee, jeder Abschied tut so weh. Blaue Augen und das Eis. Der See ist still und weint ganz leis. So tiefe und so blaue Augen, verschmolzen mit der kalten See. Und dort wo sie einst gestanden, liegt und weint für sie der Schnee. Jeder Abschied tut so weh, erfroren ist ein großer See. Jeder Abschied tut so weh,
es bleibt verborgen unterm Schnee.
So blaue Augen in der See.
Und sie starren in den Schnee.

Der Orgelspieler Eine Melodie bahnt sich ihren Weg, durch leere Gassen. Der Orgelspieler kommt, auf seiner Schulter zwei Affen. Er spielt so traurige Kinderlieder, so laut und immer wieder. Kommt! Meine Kinder kommt, und hört mein kleines Lied. Eure tränen sind bitter, euer Lachen es flieht. Singt es viel lauter, ist doch euer Lied. Lauter und lauter und lauter, damit es einen Morgen gibt. Alle Kinder kennen seine Lieder, senken ganz traurig ihr Köpfchen nieder. Auf einmal lachen sie nicht mehr. Fürchten seine Melodien viel zu sehr. Sie unterlassen das fröhliche Spielen, wollen lieber aus ihren Körpern fliehen. Kommt! Meine Kinder kommt, wir singen unser Lied. Eure Tränen sind bitter, euer Lachen es flieht. Singt es viel lauter, es ist doch euer Lied. Lauter und lauter und lauter, damit es einen Morgen gibt. Viele pflücken schwarze Rosen für ihn, hoffen er wird schnell weiter ziehen. Kinderherzen fürchten sich, vor dem Orgelspieler und dessen Gesicht. Obwohl es noch niemand sah, weiß man es ist starr ganz furchtbar. Er wird sie nie in ruhe lassen. Die Orgel lässt ihn Kinder hassen. Er spielt seine Lieder in ihren Träumen jede Nacht, bis kein einzelnes Kind mehr lacht. Er kommt dann Nachts und wird in ihre Fenster schauen, ihnen ihre kleinen Äuglein klauen.
Wird ihnen ihre ganzen Farben nehmen.
Damit sie nicht mehr ihre Kindheit sehen.

Kommt! Meine Kinder kommt,
und hört mein kleines Lied.
Eure Tränen sind bitter,
euer Lachen es flieht.
Singt es viel lauter,
es ist doch unser Lied.
Lauter und lauter und lauter.
Damit es einen Morgen gibt.

Wenn sich die Trauer über Kinderlachen legt,
der wind die letzten Malereien weg fegt.
Hört man nur eine Melodie erklingen.
Nur sie allein und keine Kinder die singen.

Götterdämmerung Das letzte Siegel ist gebrochen, es wurde
zu laut ausgesprochen. In Schutt liegt die Erinnerung, es ist
Götterdämmerung. So lange schon am Thron gesägt,
Absolutionen abgelegt. Sie Schwerter sind nun scharf
geschliffen. Die letzten Engel angegriffen. Das Kettenhemd ist
angelegt, und weiter wird am Thron gesägt. Auch die vier
Reiter sind bereit, wenn der Himmel brennt und es Asche
schneit. Das Symbol der Mächte zeigt nach unten, der letzte
Wein ist ausgetrunken. Im Namen des Vaters es ist vollbracht.
Die Sonne scheint und es bleibt Nacht. Das letzte Siegel ist
gebrochen, der Fluch ist zu laut ausgesprochen. Im Staube liegt
Erinnerung, die Zeit der Götterdämmerung.

Einsamkeit
Ich bin alleine,
das kann mir nur ein zweiter nehmen.
Wenn man alleine ist,
muss man sich nach einem anderen sehnen.
Das Glück allein zu sein sieht glaub ich keiner,
Mir wär zu zweit alleine lieber.

Die Einsamkeit,

die Einsamkeit.
Sie macht uns für das Glück bereit.

In der Zweisamkeit,
muss man für zwei entscheiden.
Denk doch mal nach,
kommt das ich da nicht zu kurz?

Die Einsamkeit,
die Einsamkeit.
Allein statt zu zweit.

Die Schönheit zu zweit,
habe sie damals gekannt.
Die Zeit hat mich dann,
in die Einsamkeit verbannt.
In dieser ich ganz glücklich bin,
aber manchmal,
zieht es mich zur Zärtlichkeit hin.

Ist da vielleicht doch jemand,
der mich vermisst?
Der mit mir einsieht wie schön doch die Liebe ist?

Ich denke meine Einsamkeit,
ist alleine einfacher als zu zweit.

Die Einsamkeit,
die Einsamkeit.
Ist niemals für die Ewigkeit.

Als der Tag zur Nacht wurde Als der Tag zur Nacht wurde,
besang niemand den Himmel mehr. Man glaubte nicht mehr an
Engel, Gott kannte keiner mehr. Als der Tag zur Nacht wurde,
verlor der Regenbogen seine Farben. Kein Baum trug mehr ein
Kleid, Seen blieben zurück wie Narben.

Als der Tag zur Nacht wurde,
schienen Mond und Sonne schwarz.
Uhren blieben stehen,
genau wie dein Herz.

Als die Nacht zum Tag wurde,
wurde mir eines klar.
Das ein Leben ohne Medikamente,
eindeutig ein besseres war.

Ich habe die Tabletten weg geworfen,
habe viel zu lange geschlafen.

Mein bester Freund träumt immer noch,
unter Wiese,
unter Tage.
In einem zwei Meter tiefen Loch.

02/03 vergeben wir schreiben das Jahr 02, ihr seht ich bin immer noch dabei. Zwar ein Engel mit gebrochenen Flügeln, aber dennoch wie ein Vogel so frei. Ein Vogel der mit Schmerzen fliegt, aber immer noch seinen Zielen folgt. Jetzt wischt euch schön die Tränen weg. Mich zu hassen hat eh keinen Zweck. Ich gehöre auch in euer Leben, traurig aber wahr so ist das eben. Das letzte Jahr ist noch nicht vorbei, wir schreiben erst ein Jahr 02. Ich werde noch so viele erleben, vielleicht lerne ich ja in diesem vergeben. Ich schlief schon immer nah, war euch nie fern. Bin immer treu geblieben, dem einen Stern. Das letzte Jahr ist noch nicht vorbei, wir schreiben bald ein Jahr 03. Ich werde sie wohl alle erleben, vielleicht lerne ich ja im nächsten vergeben. Hab es mir nie ausgesucht, habe es schon oft verflucht,
versuche niemals aufzugeben.
Bin halt da,
so ist das eben.

Meine Puppe Ich habe eines Nachts, still und heimlich. Eine Puppe angefertigt. Mit dunklen Augen, und meinem Gesicht. Habe ihr Haar geschenkt. Sie wird über Fäden am Körper, nur von mir gelenkt. Sie kann tanzen, sie kann springen. Bei Vollmond kann sie sogar singen. Ich lasse sie oft für mich tanzen, rede mit ihr. Wir singen und scherzen. Wir teilen mein Leben, wir wollen es auch. Holen lachend das Herz aus meinem Bauch. Bei Vollmond kann sie auch lachen. Sie will auch ohne Fäden gehen, will auf eigenen Beinen stehen. Hat ein so schönes Holzgesicht, ist eh ein besserer Mensch als ich. Bei Vollmond spielt sie auch mit mir und zerrt an meinen Fäden.

Unser Tanz Bitte schenk ihn mir, noch einmal. Unseren letzten Tanz. Eine letzte Umarmung, für unsere Liebe gibt es keine Chance. Einmal möchte ich dir noch in die Augen sehen. Wenn die Musik wieder still ist, werden wir auseinander gehen. Der letzte Tanz besonders ist. Ein letzter Kuss, bitte vergiss mich nicht. In unseren Träumen werden wir zusammen sein. Aber die Realität ist hart, und kalt wie Stein. Mein größter Wunsch, ist der letzte Tanz. Ich liebe meine Träume, in denen halte ich dich in den Armen. Zwischen uns ist keine Distanz, keine Distanz die Realität heißt, und zwei Herzen nicht zusammenzuführen weiß. Lass uns tanzen, ein letztes mal. Unsere Tränen sind im Moment egal, ganz egal. Darf ich bitten?

Herz (Selbstmitleid) Über die Jahre ist mein Herz sehr müde geworden,
zerbrochen wie eine Eiche im Wind.
Habe nie das Glück gesehen oder gefunden,
weiß nicht einmal was Träume sind.

Über die Jahre ist mein Herz ziemlich einsam geworden,
spielt mit den Scherben aus dem es ist.
Verbrennt sich am Nebel der wohl einmal Seele war.
Versucht zu weinen,
aber die glänzenden Augen sind nicht mehr da.

Über die Jahre ist mein Herz immer trauriger geworden,
täuschte lange ein betäubtes Lächeln vor.
Durch zu viele Tränen betrunken,
bis in die Wurzeln zerstört.
Die klagenden Rufe waren da,
nur keiner der sie hört.

Über die Jahre hat mein Herz viele Narben bekommen,
zugefügt durch eigene Hand.
Hat sich selber zerbissen auf heißen Kohlen gewälzt,
sich mit Klingen durchbohrt,
mit scharfer Säure zerätzt.

Über die Jahre ist mein Herz nun endlich still geworden,
es schlägt und spricht endlich nicht mehr.
Habe endlich das was ich wollte,
habe endlich Ruhe vor dir.

Die Braut Ein Treffer in ein zartes Gesicht, von dieser eine
kleine Hand die Tränen wischt. Hasserfüllte Schreie in ein
sensibles Ohr Und wieder schnellt die Hand hervor. Es glänzt
der Ring im Mondenschein, soll das wirklich Liebe sein? Hier
kommt die Braut, mit einem Blumenstrauß, mit einem weißen
Schleier und der Unschuld in ihrem Schoß. Ein falsches Wort,
der Streit los bricht. Sie erzählt von einem dritten Leben. Doch
es interessiert ihn nicht. Ein harter Schlag, ein böser Schrei.
Zuviel Hass sie bleiben nur zwei. Es glänzt der Ring im
Sonnenschein, soll das wirklich Liebe sein?
Angst auf einem Engelsgesicht,
warum ist er so?
liebt er mich nicht?
Seine Hände fest um ihren Hals gelegt.

Der Engel leise um Gnade fleht.
Es glänzt der Ring im Mondenschein,
soll das wirklich Liebe sein?

Im letzten Kampf entkommt sie seinem Griff.
Stößt ihn weit, ganz weit weg von sich.
Er stürzt in den Spiegel,
den sie zusammen haben gekauft.
Das Glas gebrochen,
der Hass nun auch.
Er liegt reglos
und steht nicht wieder auf.
Es glänzt der Ring im Sonnenschein,
sollte das wirklich Liebe sein.

Hier kommt die Braut,
ohne Rosenstrauß,
ohne weißen Schleier,
Wie ertrug sie die Jahre bloß?

Ein Geheimnis Sie geht mir nicht mehr aus dem Kopf, diese
wundervolle Stimme, sie ist so sanft so schön, sie vernebelt mir
die Sinne. Zeigt mir den richtigen Weg, tag für tag. Ich mich
gar nicht wehren mag. Sie flüstert mir immer ein Geheimnis
ins Ohr, schöner als ein Engelschor. Keiner will mich, keiner
mag mich, keiner liebt mich, aber glaub mir. Niemand bemerkt
dich und keiner bekommt dich. Niemals! Sie lenkt mich so
gütig durch die Welt, mir immer wieder ihr Geheimnis erzählt.
Ich brauche keine Gedanken mehr. Meine Seele könnt ihr
haben die ist leer. Ich muss nichts mehr entscheiden,
das macht sie schon für uns beide.

Sie flüstert mir immer ein Geheimnis ins Ohr,
so lieblich wie der Engelschor.

Keiner will mich,
keiner mag mich,
keiner liebt mich,

aber glaube mir.
Niemand begehrt dich,
und keiner bekommt dich.

Niemals!

Ich bin so glücklich und glaube auch frei,
mein Körper das das Haus für uns liebenden zwei.

Keiner will mich,
keiner mag mich,
keiner liebt mich,
aber glaub mir.
Niemand begehrt dich,
und keiner bekommt dich.

Niemals!

Egoistische Tränen Ich gehe durch die Straßen, sie sind
einsam und leer. Die Häuser verlassen, kein Licht brennt mehr.
Ein kalter Wind durch die Bäume weht, eine sanfte Hand die
sich auf meine Schulter legt. Ich drehe mich um, doch es ist
niemand da. Es wird so warm, wo es eben noch kalt war.
Bilder im Kopf, voller Schönheit und Licht. Ach, dieses
Gefühl, ich kenne es nicht. Von diesem geblendet, stolpere ich
umher. Ich sehne mich nach dieser wärme so sehr. Doch es
wird wieder kalt, so verlassen so leer. Das Licht wieder blass,
die Schönheit verstreicht. Das alte ICH ist wieder erreicht.
Das ICH das vor seinem Glücke flieht,
vor lauter Selbstmitleid und Tränen in den Augen,
den Himmel nicht sieht.

Zulange habe ich mich verschlossen,
zu viele Tränen für mich vergossen.
Ich will irgendwann auch fröhlich sein.
Solange belüge ich mich selber,
und zwar allein.

Geh deinen Weg Schritt für Schritt voran, jeder zieht ein anderes Gewicht. Verschiedene Lasten, von verschiedenen Menschen., aber warum sollst du sie mit dir ziehen? Man kann sie nicht alle an die Hand nehmen. Sie machen es ja auch nicht mit dir. Leben ihr Leben. Dein Weg ist schon steinig genug, der Rest soll dich nicht interessieren. Auch wenn dich Lasten kreuzen, lass sie ziehen. Ignorieren. Geh deinen Weg und dreh dich nicht um. Keine Erinnerung zurück, dass wäre dumm. Alkohol? Hurerei? Geh immer weiter, die Zeiten sind vorbei. Erinnerung an gebrochene Herzen? Alte Ziele? Sie sind vergessen. Es kommen neue und viele. Dein Weg ist steinig, so soll er auch sein. Du übergehst alles, jeden einzelnen Stein. Lass alles zurück, geh deine Weg. Für den Neuanfang ist es nie zu spät. Finde neue Ziele wachse an den Aufgaben. Nicht hängen lassen, sondern für die Zukunft etwas getan haben.

Königin der Schmerzen (Dame der Liebe) Einst die Unschuld klein und zart, heute Schlange kalt und hart. Morgen tot eine Stimme im Wind. Dies ist nur für dich mein Kind. Warme Blicke kennst du nicht, kein Lächeln zierte je dein Gesicht. Träume so wie Samen im Wind. Dies ist nur für dich mein Kind. Sprich die Lüge aus die du Wahrheit nennst, denn dem Schicksal dem du entgegen rennst. Ist die Hölle auf Erden dem Himmel gleich. Willkommen. Willkommen in deinem Königreich. Königin der Schmerzen. Dame der Liebe. Brennende Kerzen und peitschende Hiebe, gegen dein Gesicht aus Glas. Die Scherben verweht der endgültige Wind, du bist nicht mehr länger mein Kind. Mädchen der Scherben, Herrin der Herzen. Die Hoffnung in die gefroren, doch geschmolzen wie Kerzen. Dein Licht gelöscht vom eisigen Wind. Meine Tränen mit dir, mein armes Kind.

Virus Ich überfalle deinen Körper und bringe ihn zum glühen, du bist um mich gefangen und glaubst mich in dir zu spüren. Ich bin das Gift in deinem Blut, ich bin ein Geist, ein tu nicht gut. Ich sorge für die Einsamkeit, dein Leben ist

Vergangenheit. Ich bin die eine Nacht die du nie vergessen
kannst, ich bin der Virus der in dir tanzt.
Den anderen bringe ich die Vernunft,
doch dir nehme ich dafür die Zukunft.

Ich weiß immer wie du dich fühlst,
denn ich bin der Gedanke in deinem Kopf.
Ich bringe dir jeden Tag was neues.
Erst Tabletten dann den Tropf.

Ich bin die Nacht die du nie vergessen kannst,
die Nacht die dich nicht mehr leben lässt.
Ich bin der Anfang und dein Ende,
bin der Untergang und düstere Legende.

Ich bin dein neuer Untermieter und zieh erst mit deinem letzten
Atemzug wieder aus.

Ich bin die eine Nacht die du nie vergessen hast,
ich hab mich selber eingeladen und war dein letzter Gast.
Ich bin die eine Nacht die du nie vergessen hast.
Wer nicht hören will muss fühlen damit ihr endlich die Finger
von mir lasst.

Ich bin das Gift in deinem Blut,
ich bin ein Geist, ein tu nicht gut.
Ich sorge für die Einsamkeit,
dein Leben ist Vergangenheit.

Seemannsgarn Aus dem schwarzen Ozean, spinnt sich so
manches Seemannsgarn. Geschichten von gebrochenen Masten
und Unheil will am Segel haften. Seemannsgrab ist aufgewühlt,
der Horizont wird unterspült. Denn wenn der schwarze Ozean,
dann irgendwann zur Ruhe kam, dann war er blau und voller
Glanz. Bewohnt von Meerjungfrau und Wellentanz. Doch raue
Wellen wollen sie befahren, damit sie Garn zum spinnen
haben. Ahoi!

Schmerz

Was soll ich denn mit Sonnenschein?
Mein Herz ist eh aus Stein.
Was nützt mir denn der blaue Himmel?
Wenn ich nur nach Trauer sinne.
Weiße Wolken kann ich auch aus der Hölle sehen,
und die Erde wird sich weiter drehen.

Nur wenn es schmerzt.

Was nützt mir der schönste Wald?
Mein Blut ist schon seit Jahren kalt.
Was soll an Kinderstimmen denn schön sein?
Höre eh nur ihre Herzen schreien.
Weiße Wolken kann ich auch aus der Hölle sehen,
und die Erde wird sich weiter drehen.

Nur wenn es schmerzt.

Nur wenn es schmerzt,
bin ich wer ich bin.
Nur wenn es schmerzt,
erkenne ich den Sinn.
Nur durch Schmerz,
kann ich meine Seele fühlen.
Schmerzen lassen mein Leben erblühen.

Nur wenn es schmerzt,
weiß ich das ich nicht tot bin.

Ich bin dein Glück Seit zehn Jahren träum ich dich, in meine
Hoffnung fest hinein. Binden will ich dich an mich, schläfst
immer weiter mit mir ein. Seit Ewigkeiten helfe ich dir, sollst
niemals hilflos sein. Wenn wir dann beide schlafen gehen,
träum ich dich in mich hinein. Ich, nur ich, ich bin dein Glück,

und deine Hoffnung. Für immer und dein Leben lang. Ich will
einzig zärtlich sein, denn du, du brauchst nur mich allein. Ich
bin dein Glück,
so Stück um Stück.
bin ich dein Glück.
Nur mit mir darfst du glücklich sein.

Und wehe du träumst ohne mich,
glaubst du könntest freier sein.
Dann beuge ich mich Nachts über dich,
und träume alles in mich hinein.

Dann träume ich deine Seele fort,
unter ein graues Wolkendach.
Verlassen kannst du ihn nie den Ort,
wirst ohne mich nicht wach.

Ich,
nur ich,
ich bin dein Glück,
und deine Hoffnung.
Für immer und dein Leben lang.
Ich will einzig zärtlich sein,
denn du,
du brauchst nur mich allein.
Ich bin dein Glück,
so Stück um Stück.
Ich bin dein Glück.
Nur mit mir darfst du glücklich sein.

(K)eine Lösung Ich habe eine Lösung für dein Problem, sie ist
bunt sie ist rund, betäubt erst die Sinne dann den Mund. Ich
bringe dir die Farben ich bringe dir die Form. Am Anfang
rollen Tränen und es endet dann im Zorn. Ich liebe bunte
Farben und male deine Gedanken an, mich wundert immer
wieder wie toll ich dich verzaubern kann. Wenn dir heiß wird
hast du des Rätsels Lösung, es sind meine Farben und nicht die
Besserung. Viele bunte Dinge die versuchen dich zu greifen,

viele bunte Farben die langsam in dir reifen. Immer bunter immer greller immer abstrakter immer schneller. Schraub mir mal den Kopf auf, es sprudeln tausend Farben raus. Ist es mal nicht mehr bunt, hast du die nächste Lösung im Mund. Meine Lösung für deine Probleme ist farbenreich gepresst, kannst ohne sie nicht mehr leben und weinst wenn sie dich verlässt. Nimm mehr! Immer mehr! Noch mehr! Nimmer mehr! Farbenfroh doch farbenleer.

Vergiss die weiße Luft sie hat ihre Wirkung verfehlt, ja nur meine Lösung verspricht was sie auch hält. Nur kurz aber immerhin, du kannst nichts dafür das ich so farbenfroh bin.

Nimm mehr! Immer mehr! Noch mehr! Nimmer mehr! Farbenfroh doch farbenleer.

Ich habe eine Lösung für dein Problem, sie ist bunt sie ist rund, betäubt erst die Sinne dann den Mund. Ich bringe dir die Farben ich bringe dir die Form. Am Anfang rollen Tränen und es endet dann im Zorn.

Wo bekomm ich es her? Wie komm ich nur dran? Was muss ich nur tun damit ich des Rätsels Lösung finden kann?

Wenn ich brenne Es ist das Feuer in mir, das mich wütend macht. Es lodert so hoch und heiß, in jeder Vollmondnacht. Es ist so heiß in mir, ich stehe bald in Flammen. Bald geht der Mond wieder auf, und ich muss brennen. Wenn ich brenne, bin ich das hellste Licht auf Erden. Wenn ich brenne, kann ich größer als der Vollmond werden. Wenn ich brenne, bin ich jemand bin ich wer, erst Mensch dann Flammenmeer. Wenn ich dann die Flammen schlage, um mich viele Menschen schare, brenne ich noch höher, brenne ich noch heller. Wenn ich brenne, bin ich gleißender als die Sonne. Brennen werden die, die mir in die Quere kommen. Denn wenn ich brenne, bin ich jemand bin ich wer. Um mich brennt ein ganzes Flammenheer.

Langsam fressen sich die Flammen, ganz geduldig durch das Geäst,
zu Staub muss all das werden was mich nicht in Ruhe lässt.

Es wächst mein Feuer immer höher immer heller.
Flammen tanzen hier um mich und fressen immer schneller.
Der Hunger ist der Antrieb,
die Glut ist das Gerüst.
So verliebt in Mutter Erde,
jetzt wird sie von mir wach geküsst.

Auch der Vollmond schläft nicht mehr,
schaut traurig auf mich nieder.
Du verdammter Planet siehst du mich?!
Meine Asche glüht nur noch und brennt bestimmt nie wieder!

Was wollen wir hören? Ich will ja nicht stören, in euren Gedanken, aber wollt ihr ewig im dunkeln wanken? Soll ich euch denn schöne Lügen erzählen? Was darf es sein, was wollt ihr hören? Sagen wir so, wir werden alle reich, eigentlich sind wir ja alle gleich. Für immer gesund. Keine Lüge verlässt unseren Mund. Niemand muss jemals Hunger leiden, keiner wird keinen um sein Geld beneiden. Darf ich noch mal eure Gedanken stören? Mach ich es richtig so? Oder was wollt ihr hören? Alle Kinder von kraft und Gesundheit geprägt, niemals wird eines in einen Sarg gelegt. Ein jeder ist dein bester Freund. Auch ein jeder von Frieden mit dir träumt. Niemand sinnt auf Gier und Macht. Man ist nur noch auf seine Mitmenschen bedacht. Darf ich noch einmal die Gedanken stören? Dachte ich es mir: Das wollt ihr hören. Träumt ihr nur weiter, bleibt wie eure Blicke leer, es bleibt euch ja noch die Lüge, was anderes hört ihr eh nicht mehr.

Darf ich noch einmal die Gedanken stören?
Dachte ich es mir:
Das wollt ihr hören.

Wollen wir das hören?

Am Strand Ja, ich wünscht ich wär am Strand und hätt dich in den Armen. Gemeinsam schlendern durch den Sand und Abends unter Sternen. Schiffe sehen, Möwen zählen und das bei hoher Temperatur. Sich näher kommen, zweisam sein. Die reinste Seelenkur. Einmal nach den Perlen tauchen, die funkeln wie deine nasse Haut, zu den Riffen segeln und ernten gehn was die Natur gebaut. Ja, ich wäre so gern am Strand, beim Sonnenauf- und Untergang. mit dir im Arm ist´s wunderschön, vielleicht ein Leben lang. Die Wellen tanzen in deinen Augen und reisen dann ins Weite. Die Sonne küsst uns dann noch einmal und wir genießen es Seite an Seite. Wenn wir unterm Himmelszelt dann ruhen Hand in Hand. Dann rauschen die Wellen ein leises Gut´Nacht und der Mond strahlt hell und er lacht.

Bergbau Ich kletter immer höher, ich kletter immer weiter. Zieh mich noch ein Stück hinauf, verdammte alte Leiter. Unter mir sind Stimmen, über mir schreits auch.
Hinter mir das Feuer,
in das ich mich fast verlier.
Steige immer höher,
Luft wird dünner,
Schreie lauter...

...und ein Licht vor mir heller.

In meinen Träumen In meinen Träumen, kann ich über das Böse siegen. In meinen Träumen, kann ich mich nicht selbst betrügen. In meine Träumen, da bin ich wer. In meinen Träumen, ist keine Bürde zu schwer. Aber bin ich wach, dann bin ich so klein, so deprimiert und auch allein. Will keinen sehen, der über mich lacht. Und flehe leise nach der Nacht. In meinen Träumen, da bin ich reich. In meinen Träumen, bin ich nur wenn ich will weich. In meinen Träumen, kann mir niemand etwas. In meinen Träumen, werden keine Augen nass. In meinen Träumen, bin ich der Held. In meinen Träumen, gehört mir die Welt. Aber bin ich wach, dann bin ich so klein, so deprimiert und auch allein. Will keinen sehen, der über mich lacht. Und erflehe die nächste Nacht. In meinen Träumen, bin ich ein Star. In meinen Träumen, werden meine Lügen wahr. In meinen Träumen,
ist die Sonne schwarz.
In meinen Träumen,
bricht nie mein Herz.

Bitte, bitte Nacht gib mir kraft,
bitte, bitte Nacht nur deine Macht.

In meinen Träumen,
bin ich unbesiegbar,
in meinen Träumen,
ist immer jemand für mich da.
In meinen Träumen,
da werde ich stark.
In meine Träumen,
fürchte ich nicht mal den Tag.

Aber bin ich wach,
da bin ich so klein,
so deprimiert und auch allein.
Will niemanden sehen,
der über mich lacht.
Und erflehe die nächste Nacht.

Bitte, bitte gib mir Kraft.

Bitte, bitte Nacht nur deine Macht.

Nur deine Macht.

Endlich wach Bin wach geworden, mit dem Geschmack von Eitelkeit im Mund. Habe keine Farbe mehr auf der Zunge. Die Zähne spucke ich einzeln aus, so sieht die Seele nun wirklich aus. Wurde wach mit Tränen auf den Lippen, mit verklebten Augen und einer fehlenden Rippe. Dem Rückrad zum Fuße gebogen. So sieht die Seele nun aus so verlogen. Bin wach geworden mit keinem Ton im Ohr. Ich schlug die Augen auf, suchte nach den Farben die ich verlor, suche den bitteren Geschmack auf meiner Zunge. Ringe nach Luft, alles füllt sich... ...außer der Lunge.

Flügel aus Eis Ich bin viel zu tief geflogen, mir sind die Flügel eingefroren. Konnte mich nicht an den Himmel krallen, bin auf die Erde herab gefallen. Ich weiß nicht wie es ist, sterblich zu sein. Es fällt mir einfach nicht mehr ein. Ich atme flach und bleibe einfach liegen, ich taue bald auf und werde weiter fliegen. Solange gebe ich auf euch acht, bis mir dann die Erlösung lacht. Entzünde ein Feuer in der Tiefe, lichterloh und heiß, aber es will nicht schmelzen von meinen Flügeln, dieses verfluchte Eis. Hat der Vater im Himmel mich also vergessen. Meine Flügel bleiben vom Eis besessen. Es wird immer größer mein eigenes Feuer und Engel zahlen Verrat sehr teuer. Wenn ich im Himmel schon nicht leben kann, fange ich auf Erden halt die Hölle an.

Schwarz - Weiss Heute bin ich auf dem Dachboden gewesen, da wollte ich mal im Stillen lesen, doch da fand ich eine Truhe, die durchsuchte ich in Ruhe. Dann fand ich, ach wie schön. Ein schwarz-weisses Bild, nett anzusehen. In Uniform ein alter Mann, der wohl nur traurig gucken kann. Dich nehme ich mit, sagte ich zu ihm ein schöner Platz auf dem Kamin. Ja, dort neben die schöne Tänzerin, stellte ich das Bild dann hin. Als ich dann den Raum verließ, ein kühler Wind mir um die Ohren blies. Ich glaubte meinen Augen kaum, rieb sie mir wie nach einem Traum.

Dort standen keine Bilder mehr,
denn der eine Rahmen der war leer.
Im anderen tanzten nun Mann und Frau
beide lachten, dass sah man genau.

Den Rahmen lass ich hier nicht leer stehn,
werd Morgen auf den Dachboden gehn.

Einhorn Aus Sagen und Gedichten, aber eher aus Geschichten, stammen diese Fabelwesen, Einhörner sind´s gewesen. Diese sind nicht echt! Verriet mir einst ein Specht. Doch seh ich an mir runter, vorn, dann seh ich manchmal doch Einhorn.

Es ist zu lange her Es ist so viele Jahre her und nun stehen wir uns gegenüber. Haben wir denn wirklich geglaubt, die Zeit bleibt stehen? Wieviel Tränen haben wir uns geraubt, kannst du das noch verstehen? Wir sehen uns seit Jahren wieder und keiner verliert auch nur ein Wort. Waren deine Augen schon immer blau? Wir waren damals schon einmal an diesem Ort. Nur damals waren wir gemeinsam hier und Heute jeder für sich. Warum haben wir uns das Leben so zur Hölle gemacht? Wir erkennen uns nicht mehr und selbst der Hass ist schon zu lange her. Ich wünsche dir noch einen schönen Tag.

Vorhang auf Ja wir haben das Spiel kapiert, hier gibt es nicht nur einen der verliert. Die Fahne hoch zum Trommelschlag, Vorhang auf, für den jüngsten Tag. Ganz theatralisch aufgesetzt, Unterhaltung die entsetzt. Die Fahne hoch zum Trommelschlag, begleiten sie uns nach der Werbung durch den jüngsten Tag. Lass uns doch mal ein Paar Leichen zählen, mal sehen wie sie heute wieder quälen. Schade, ist gerade Werbung dran, schalte ich gleich halt wieder an. Die Fahne hoch zum Trommelschlag, für sie bei uns der jüngste Tag. Ach, die Stadt dort ist nicht mehr schön, wir müssen wohl woanders in den Urlaub gehen. Wie? Kinder gibt's da auch? Das kann doch nicht sein, die müssen in der Schule sein! Was? Die Schulen sind zerstört, ist denn da keiner den das stört? An die Menschen habe ich gar nicht gedacht, habe geglaubt es wäre Fernsehen und habe gelacht. Nicht das auch wir zur Unterhaltung werden, ich will nicht ins Fernsehen, erst recht nicht darin sterben. Ich habe geglaubt das wäre nur ein Spiel, das Spiel ohne Grenzen erst recht ohne Ziel. Ich kümmere mich einfach nicht weiter darum, ich guck was noch so läuft und schalte einfach um. Vorhang auf für den jüngsten Tag was er uns wohl versprechen mag?

Hör auf! Warum störst du mein Leben, seit Jahr und Tag,
warum muss ich dem vergeben,
den ich nicht mal mag.
Alles was du mir versprichst,
ist ein Fehler,
will doch nur einfach denken,
ich bin kein Herzenseher.

Warum kann nicht einfach meine Vernunft entscheiden,
macht es dir etwa spaß meine Gedanken zu entzweien?

Hör auf!
Hör endlich auf,
hör einfach nur auf,
hör auf zu schlagen.

Warum störst du mein Leben,
seit Jahr und Tag.
Wem soll ich den noch erzählen,
das ich ihn mag.
Lass mich doch nicht so viele Fehler machen,
lass doch den Bauch entscheiden,
und über deine Dummheit lachen.

Hör auf!
Hör endlich auf,
hör einfach nur auf.
Hör auf zu schlagen.

Du mein Herz bist der größte Lügner,
ein Märchenerzähler und Selbstbetrüger.
Will nichts mit dem Herzen sehen,
ich will dich nicht,
bleib endlich stehen.

Hör auf!
Hör endlich auf,
hör einfach nur auf.
Hör auf zu schlagen.

Du verlogenes Herz bleib endlich steh´n.

Superheld Mit Maske und Cape, sorgte ich für Recht und
Ordnung. Für das Gesetz und gegen dessen Verarmung. Ich
war der Held für Groß und Klein und alle Kinder wollten wie
ich sein. Meine Ausrüstung war immer modern, damit hielt ich
das Unrecht immer fern.
Manchmal rettete ich die Frauen,
vor denen die dessen Handtaschen klauen.
Ich war ein Held und Saubermann,
bis ich dann in die Jahre kam.

Heute bin ich 70 Jahre jung
und was bleibt ist die gerechte Erinnerung.
Doch auch Superhelden finden ihr Ende,
bis dahin krieg ich nicht mal Rente.

Irgendwo Sechs Liter Blut unter der Haut, sechs Liter Blut. Ist nur ein Liter krank, ist das gar nicht so gut. Sechs Liter Blut unter der Haut, sechs Liter Blut. Setze dir kalten Stahl, vielleicht wird alles gut. Fünf Liter Blut unter der Haut, fünf Liter Blut. Es hört einfach nicht auf zu laufen, geht es wohl noch gut. Vier Liter Blut unter der Haut, vier Liter Blut. Dir wird schon langsam anders, wo ist die Virus Brut. Drei Liter Blut unter der Haut, drei Liter Blut. Das Blut läuft immer schneller, löscht die Zigarettenglut. Zwei Liter Blut unter der Haut, zwei Liter Blut. Du bist im Gesicht ganz blass, was willst du jetzt nur tun? Nur ein Liter Blut unter der Haut, nur ein Liter Blut. Du liegst ja schon am Boden, alles rot und gut. keinen Liter Blut unter der Haut, keinen Liter Blut. Die Krankheit ist jetzt raus, nur du stehst nie mehr auf.

Namen Keiner nennt mich Mutter, niemand nennt mich Christ. Keiner von euch weiß, wie einsam man ohne Namen ist. Ich habe schon tausenden Namen gegeben, Millionen von dingen die mit uns leben, sprach schon für viele dein Gebet, niemand hat dadurch das meine erfleht. Gebt mir endlich einen Namen, nennt mich wie ihr wollt, doch nur einen Namen. Einen Namen will ich haben. Keiner nennt mich heilig, niemand nennt mich Tier. Um mich so viele Namen, doch passt keiner zu mir.

Prost! Mach dir schöne Gedanken, halt dir die Sorgen fern. Lass mal die Seele baumeln, genieß den Morgenstern. öffne dir den Wein, den trinkst du doch so gern und nach der dritten Flasche ist auch dein Kummer fern. Hier kommt die nächste Runde. Los! Jetzt wird vergessen. Trink dir einen über´n Durst, denn das macht dein Leben besser. Du versuchst dich zu

betäuben und besaugst dich wie ein Schwamm. Nur hast du
wohl vergessen das der Kummer schwimmen kann.

Herzenswunsch Mein kleines Herz es will nicht mehr, schlägt
nicht mehr seinen Takt. Dadurch wird meine Atmung schwer
und ich verkrampfe in der Nacht. Wie eine Uhr so wäre ich
gern, akkurat tickend mit gleich bleibendem Schlag. Würde mir
mehr aus meinem Leben machen und würde lieben jeden Tag.
Ich wollte noch so vieles geben, vielleicht Lehrer oder gar
Vorbild sein. Doch wohl nicht mehr in diesem Leben, denn
mein Herz schläft langsam ein. Doch es erfüllt sich mein
Herzenswunsch, zur Weihnacht dieses Jahr. Die Uhr darf
ticken und ich leben. Mein Spenderherz ist da!

Zusammenhalt Neugier und Aufregung schmücken diese Zeit,
warten auf das Christkind ist der Zeitvertreib. War ich artig?
War ich tüchtig? War mein Handeln immer richtig? Nein, was
bin ich aufgeregt und hab mir dann was überlegt. Ich bin ein
Zeuge der heutigen Zeit, von der Trauer und auch dem Leid.
Ich will helfen so lange ich es kann und fang ab Morgen zu
beten an. Ich will mit euch an die armen denken, ich will mit
euch nur den Gedanken schenken, an das was uns hier gegeben
dass ist was anderen fehlt im Leben. Es ist das Geschenk der
Herzen, was man meistens nur fühlt unter Winterkerzen. Es ist
Familie und Zusammenhalt, nicht nur eine Tanne, sondern
Tannenwald. Wissen wir das was wir haben zu schätzen?
Ärgern wir uns dennoch über verbrannte Plätzchen. Ich denke
der Trubel ist nicht das wert, was die kommenden Tage nährt.
Es ist das Kettenglied das uns verbindet,
Familie die das Leid verhindert.

Wir beschützen uns und halten uns warm,
wir erkennen was gut für jeden war.
Wir wollen uns stützen, so soll es sein
Und zusammen kriegen wir noch das Leben klein.

Ich bin stolz darauf dass ich euch habe,

ich merke es nicht immer aber am heutigen Tage,
bin ich froh dass ich unter uns bin,
so schmelzen auch die letzten Sorgen dahin.

Ich bin so stolz auf euch selbst wenn es keinen Morgen mehr
gibt,
ich weiß genau ich habe euch genau die richtigen geliebt.

Ich will mit euch an die armen denken,
ich will mit euch nur den Gedanken schenken,
an das was uns hier gegeben
dass ist was anderen fehlt im Leben.

Ich danke euch dafür.

Stern Deine Kraft die lässt mich hoffen, sie motiviert, bringt
mich nach vorn. Deine Kraft die lässt mich aufstehn und ist der
Antrieb für mein Tun. Bist der schönste Stern von allen und
leuchtest nur für mich. Doch bist du schon so lang erloschen
und dein Schein bleibt nur Erinnerung an dich.

Feuerzauberer Ich werde mir eigene Lichter bauen, bunte
Salze und schwarzes Pulver. Mit Verschluss und kurzem
Docht, werden meine Sonnen aufgehen. In meinem Keller, in
meiner Welt. Da bau ich mir die Sterne, mit bunten Farben und
mit Knall.
Sie sollen leuchten in der Ferne.

Ja mit Pulver und Zündschnur,
wird Feuerregen sprühen
und die Last des letzten Jahres,
soll am Himmel dann verglühen.

Ich mische immer neue Kracher,
sie sind verboten im ganzen Land

und so sprengt der Hobbybastler
auch nur noch mit der linken Hand.

Familienglück Papi hat mich angeschrieen, oft geschlagen mir
nie verziehen, das ich eines Nachts sein Rückrat brach, nach zu
viel Schnaps. Mutti hat zu oft geweint, weil ihr niemals
Schönheit scheint, auch sie hat es mir nie verziehen, bin doch
nur gefallen mit dem Benzin. Mein Bruder hat mir Tod
geschworen, hat seine Augenlicht verloren, war doch auch nur
ein versehen, warum muss er auch über die Straße gehen. Ich
bin das Wunschkind dieser Familie, bin das Glück wohl auch
Misere. Wollte keinen Keil zwischen uns treiben, werde hier in
meinem Zimmer bleiben.
Meine Schwester hat mich dann verraten,
mir aufgelauert seit Monaten.
Hat mir mein Bruderherz gebrochen,
und mich endlich freigesprochen.

Von dem Elend meines Lebens,
versucht zu weinen aber vergebens.
Für mich gibt niemand nur einen Kuss,
glaube sind alle nun froh das ich sterben muss.

Ich war das Wunschkind dieser Familie,
bin das Glück wohl auch Misere.
Wollte keinen Keil zwischen uns treiben,
werde hier in meinem Zimmer sterben.

Bin doch das jüngste eigene Kind,
kann nichts dafür dass alle anders sind.

Vergessen? Nein! Er stand am Grabe seiner Frau dort stand er
still und lange. Regen fiel auf ihn herab und verbarg im nassen
Schleier seine Tränen. "Vergessen soll ich, sagen sie!" Die Zeit
sie ist ein böser Dieb, sie stahl uns unsere Zeit. Doch meine
Erinnerung bekommt sie nicht, denn sie ist das was von uns

bleibt. "Vergessen soll ich, sagen sie!"

Roter Sand Es weht ein sanfter Wind, ganz sachte durch das
Land. Bringt Unruhe hinein, in den roten Sand. Dort wo einst
Tausende Männer starben, ruhen jetzt nur einzelne
Sträuchernarben.
Man hat sie schon öfter abgebrannt,
dadurch wachsen sie immer höher auf rotem Sand.

Gerüchte ranken um diesen Ort,
wie Sandkörner treibt der Wind sie fort.
Ist das alles Aberglaube,
oder sind die Legenden wahr?
Der rote Sand ist immer noch da.

Ganz fort wird er nie geweht,
solange nur ein Strauch noch steht.
Für jede Träne liegt hier ein Korn,
die Tränen sind hier in den Sand geboren.

Narben Langsam brennen sich die Tränen, aus den Augen sind
sie geboren. Genau so trennen mich die Klingen, gehen auf der
Haut verloren. Es zieren mich so viele Narben, sie finden mich,
kann nichts dafür. So vergesse ich niemals deinen Namen,
niemals nur den Hauch von dir. Wenn alle Glocken klingen,
sag ihr dass ich nach Hause komme. Langsam sammeln sich
die Tränen, dort wo ich ihr Gesicht oft sehe. Oh Gott was
würde ich drum geben, noch einmal mit dir tanzen gehen.
Wieder zieht sich eine Narbe, von der Brust hin bis zum Hals.
Nein! Ich kann dich nicht vergessen, ich kann es nicht,
niemals! Wenn die Glocken für sie singen, sag ihr dass ich
nach Hause komme. Will sie in den Himmel bringen, auch
wenn ich in die Hölle komme. Jede Narbe zählt ein Jahr, die
man ihr zu früh genommen. Sie werfen so bizarre Bilder, ich
darf nicht mal zur Ruhe kommen. Denn bald, ja bald dann find

ich ihn, den der dir mein Schatz die Jahre nahm. Dann werde
ich die seinen zählen.
Narbe für Narbe und Zahn für Zahn.
Dann wenn alle Glocken klingen,
siehst du mich? Ich habe es getan.

Wenn alle Glocken für uns singen,
dreh ich dir die Zeit zurück.
Sie werden deinen Namen singen.
Er versinkt in Narben Stück für Stück.
Ja, ich drehe uns die Zeit zurück,
auch deine Hoffnung und dein Glück.
Narbe um Narbe und Zahn um Zahn.
Hör für uns die Glocken klingen,
ich komm nach Haus zu dir, ja ich habe es getan!

Mit dem Seil um den Hals hat er für uns die Glocken geläutet.

Du?! Ach sieh mal an, wer ist denn da? Reden? Willst du? Das
verstehe ich ja. Zwing mir nur dein Gespräch auf. Über deine
Probleme. Da scheiß ich drauf! Dein Leben interessiert mich
nicht mehr. Die Zeiten sind vorbei. Was zählt bin nur noch ich
und nicht mehr wir zwei. Bin nun groß geworden, auch ohne
dich. Bin zu weit gegangen? Verpiss dich! Allein wenn ich
daran denke, ich habe dir vertraut. Hättest es ja fast geschafft,
hättest meine Zukunft versaut. Mir geht es viel besser ohne
dich. Mein Leben hat nun ein Herz und nicht mehr nur dein
schönes Gesicht. Kann hören ohne dich. Kann sehen ohne dich.
Kann atmen ohne dich. Du bist überflüssig für mich.

Blutverlust (Engel) Du bist so müde, deine Augen fallen zu.
Leg dich einfach zurück, leg dich sanft zur ruh. Spürst du ihn?
Den warmen Regen. So warm so schön, ein süßer Segen. Lass
die Gedanken einfach um dich schweifen, entspanne dich. Du

musst es erst begreifen. Du armes Kind was hast du getan?
Atme! Du musst deine Kräfte sparen. Du bist so müde, deine
Arme tun dir weh. Der warme Regen bettet sich in den Schnee.
Bist leider nicht sehr weit gekommen, und niemand hat dein
weinen vernommen. Leg dich zurück, leg dich sanft zur ruh.
Jetzt schließ langsam deine Augen zu. Gib mir deine Hand, ich
bringe dich fort. An einen viel schöneren Ort. Siehst du das
Licht? Geh ruhig hinein, dort wirst du nicht mehr alleine sein.
Lass dich nur noch einmal ansehen, ja du bist ein Engel und
jetzt musst du gehen.

Ich bin dein Mann Ich will für dich bezahlen, der Preis ist
scheiß egal. Du bist jeden Taler wert, erst bezahlen und dann
kann ich dich mal. Ich bezahl für deine Dienste,
du hast mich noch nie enttäuscht.
Werd dich noch so oft bezahlen,
die Zeit mit dir ist nie bereut.

Ich will für dich bezahlen,
du bist jeden Taler wert.
Dir ist ganz egal wer ich bin,
trotzdem gibst du dich mir hin.

Ich will dich bezahlen,
solange ich es kann.
Will dass du nur meine bleibst,
meine Hure ich dein Mann.

Sie verrät nicht mal ihren Namen,
nicht mal als wir uns näher kamen.
Meinen will sie auch nicht wissen,
hab ihr das Geld vor die Füße geschmissen.

Ich bezahle jeden Preis,
sag mir endlich wie du heißt.
Ich bezahle das du mich küsst
und das du nur die meine bist.

Meine Hure und ich dein Mann,
solang ich dich bezahlen kann.

Ich weiß Ich weiß immer wo du bist, ich weiß mit wem du
dich stets triffst. Ich weiß wann du dich alleine fühlst und ich
weiß wann du keine Hoffnung spürst. Ich bin dir zu fern, doch
immer noch so nah. Ich weiß wann du allein bist und wie schön
du auch im Schlaf noch bist. Ich weiß wem du deine Güte
schenkst, ich weiß wie du deine Gefühle lenkst. Ich weiß genau
wen du innig liebst und ich weiß wem du dein Vertrauen gibst.
Ich bin dir zu fern, doch immer noch so nah. Ich weiß wann du
allein bist und wie schön du auch im Schlaf noch bist.
Ich weiß genau du spührst mich,
ich weiß genau du vermisst mich.
Ich weiß wer dein Schutzengel ist
und das du durch mich immer sicher bist.

Ich bin dir zu fern,
doch immer noch so nah.
Ich weiß wann du alleine bist.
Wie schön du auch im Schlaf noch bist
und das nach all den Jahren.

Leuchtturm Ich zünde eine Fackel an, dort oben auf dem
Turme. Damit der Seemann sehen kann, seine Heimat auch im
Sturme. Meine Fackel leuchtet hell, sie ist das Licht im
Dunkel. Damit die Schiffe finden schnell, das zu Hause durch
Gefunkel. Mein Feuer ist Unsterblichkeit und Hoffnung hoch
auf See. Jede Nacht, mein Leben lang, bis ich dich eines Tages
wieder sehe.

Ritter Aus stillen Wassern steig ich auf. Der Blick brennt sich in die Sterne. Meine Rüstung rot in Rost, die Lanze gebrochen in der Ferne. Meine Fahne die ehrt nichts mehr, steht und weht für den Verrat. Meine Maid die ist wohl jetzt erst glücklich und ich zerbrach an meiner Heldentat. Mein Visier lässt sich nicht öffnen, mein eigen Schild beschützt mich nicht. Mein Ross ist tot doch ich werd dich finden, dich und dein falsches Gesicht. Mein Schwert ist das Kreuz für meine letzte Ehre, Bevor ich schreite immer weiter
und ich zu meiner Maid zurück dann kehre.

Es ist Zeit Es wird Zeit für mich, endlich aufzustehen. Es ist die Zeit nun da, ich muss nun weiter gehen. Es ist Zeit für mich, endlich mal ich zu sein. Es war nie Zeit dafür, ein anderer Mensch zu sein. Die Zeit ist mein Fluch, sie nüchtert mich aus. Sie macht mich bedenklich und nun bricht sie aus. Es ist nun Zeit für mich, etwas zu riskieren. Ich weiß die Zeit ist da, mein Leben zu probieren. Die Zeit treibt mich voran ich darf nicht mehr pausieren. Die Zeit ist mein Fluch, sie nüchtert mich aus. Sie macht mich bedenklich und nun bricht sie aus. Es ist Zeit für mich, einfach ich zu sein. Die Zeit nickt mir gütig zu und ich verstehe sie, denn es muss so sein!

Zuversicht So träge sind sie doch geworden, die Gefühle deiner selbst. Sind so stumpf, gar taub geworden, Erinnerungen in denen du schwelgst. Selbst den Strohhalm willst du schmähen, obwohl er Halt dir geben will. Keine Kraft mehr um zu schwimmen, keine Hoffnung, kein guter Will´. Ach, so eisig ist die Sehnsucht,
nicht mal die Hoffnung spendet Trost.
Die Wärme verspricht dir fern zu bleiben
und besiegelt ihr Versprechen durch den Frost.
Deine Augen wollen schmelzen,
es rinnt das Tauwasser aus dem Herzen,

nur ein Herz taut nie ganz auf
und es friert trotz warmer Schmerzen.

Die Zuversicht ist dir sehr fremd,
du glaubst nicht an ihre Worte.
Doch hörst du mal in dich hinein,
an einem stillen Orte,
so findet dich die Zuversicht
und sie spricht mit sanfter Stimme:
Dein Freund bin ich, also fürcht′ dich nicht,
mit mir kommt dir die Hoffnung wieder in den Sinne.

Die Hoffnung wird dein Antrieb sein,
die dich zum handeln drängt.
Der Strohhalm wird zum Rettungsboot,
mit dem die Zukunft jetzt beginnt.
Dem Herz wird warm, das Eis geht fort,
doch die Sehnsucht die wird bleiben,
sie wird für dich noch Lehrer sein,
damit du das zu schätzen lernst,
was dir sonst erschien zu klein.

Valentinstag Bin so aufgeregt, es ist so wunderbar. Heut ist er
da, der 14. Februar. Freu mich so auf meine Liebste, die eine
die mir soviel gibt (he). Habe ihr ein paar Rosen gekauft, eine
Kette mit ihrem Namen getauft. Pralinen für sie schmelzen
lassen, ein riesiges Herz daraus geformt, dieses Herz mit
unserem Jahrestag gekrönt. Habe ein Gedicht geschrieben, von
Hochzeit und Kind, vielleicht ein wenig übertrieben. So viele
Luftballons in allen Farben, sollen unsere Liebe noch weiter
tragen. Freu mich so auf dein Gesicht, wie zart es sich formt
wenn du mit mir sprichst. Wie zart es lächelt im kerzenlicht,
wenn wir heute schlafen gehen, will ich dir tief in die Augen
sehn. Ich freu mich so auf meine Liebe,
denn wenn ich dich heute Abend kriege,
wirst du für immer bei mir bleiben,
genau so wie ich jeden verdammten Valentinstag leiden.

Und ihn hassen so wie ich.

Schaukelstuhl Wenn die Farbe langsam welkt und sich die Gedanken stumm verfangen. Ein Netz aus Gefühlen in schwarz, genährt von traurigem Verlangen. Du schaukelst dort in deinem Stuhl, der Glanz flüchtet aus den Augen. Langsam dreht die Erde sich um die Gedanken dir zu rauben. Wenn die Uhr zur Stunde schlägt, scheint die Sonne kalt. Doch du verharrst in deinem Stuhl und wirst im Herzen alt. Alte Herzen werden taub, sie schlagen nicht im Takt. Am Schluss ist auch der Stuhl dann leer und ohne dich wirkt er nackt.

Schlafende Engel Schlaf mein Engel, schlaf. Ich mache nur schnell meine Sense scharf. Schlaf mein Engel, schlaf ein. Gleich wirst du im Himmel sein. Bald schläfst du so fest und tief, so fest wie noch kein Engel schlief. Der Schlaf der Engel, ihr letzter ist, weil sie der Himmel ja so vermisst. So schickt er dann, den Mann mit der Sense los. Er wird sie zurück bringen, in ihr Wolkenschloss.
Du bist so schön an zu schauen,
du gleichst einem Wunschtraum.
Nun schlaf mein Engel,
schlaf tief.
Mir aus Vorfreude schon eine Träne über die Wange lief.
Ein Engel so unschuldig,
so klein.
Wirst bald im Himmel sein.

Dort kannst du viele andere grüßen,
auch sie mussten durch meine Sense büßen.
Es ist meine Aufgabe euch zurück zu bringen,
damit Gott sie hören kann,
eure schönen Stimmen.

Eines Tages werdet ihr mir verzeihen,
dann werde ich auch ein Engel sein.
Ein Engel der euch alle grüßt,

habe dann meine Sünden durch die Sense verbüßt.

Schlaf mein Engel,
schlaf ein.
Bald wirst du im Himmel sein.

Mutter Erde Die Mutter Gottes, sie fängt an Blut zu weinen.
Die Sonne hört auf, am Tag zu scheinen. Alle Wasser werden
schwarz. Es schlägt nicht mehr, Mutter Erde Herz. Die Bäume
lassen, ihre Äste hängen. Der Nordpol hat angefangen,
lichterloh zu brennen. Die Wolken alle rot, so wie Blut. In der
Hölle verglimmt, die letzte Glut. Unsere Mutter stirbt, könnt
ihr es nicht sehen. Unsere Mutter stirbt, sie wird vergehen. Wir
doch nur diese eine haben. Nun ist sie fort, keiner kann sie
begraben.
Die Tiere im Wald,
sie zittern.
Schwarze Wolken,
gefolgt von Gewittern.
Am Tage ist es so kalt wie Eis.
Die Nacht dafür,
wie Feuer so heiß.

Scharen der Engel,
aus dem Himmel fliehen.
Der Kelch wird nicht,
an uns vorüber ziehen.
Trauriges Gelächter,
Erdenerinnerung.
Für uns Menschen,
bittere Verbannung.

Unsere Mutter stirbt,
könnt ihr es nicht sehen.
Unsere Mutter stirbt,
sie wird vergehen.

Wir doch nur diese eine haben.
Nun ist sie fort,
keiner wird sie begraben.

Wir Kinder haben sie zerstört,
nicht auf ihr klagen,
die Zeichen gehört.
Nun seht euch an,
wo wir jetzt stehen.
Die Zeit lässt sich nicht,
nicht mehr rückwärts drehen.

Unsere Mutter ist tot,
könnt ihr es nicht sehen.
Unsere Mutter ist tot,
sie musste gehen.
Wir doch nur diese eine hatten,
nun ist sie fort,
was bleibt sind Schatten.

Freund? Ich dachte einst du wärst stärker, stärker noch als ich
es bin. Doch im Kummer stehst du vor mir und ich weiß das
ich der stärkere bin.

Eiskristall In der Brust des Kapitän, dort bebt nichts, dort
schweigt es still. Starre Augen ruhen auf der See, weil der
Kapitän nichts anderes mehr will. Schon seit Jahren zehren
Hoffnung, Trauerspiel, Sonnenuntergang. An dem Herren
diesen Schiffes, der bis heut nicht an die Ufer kam. Sein Herz
ist starr wie seine Augen, Tränen sind nur Zeitvertreib. Dort wo
Seemannsherz soll schlagen, steckt ein Eiskristall im Leib.
Unser Kapitän will reisen, um die Meere immer fort. Wir
waren überall und nirgendwo, die Kälte bleibt an Bord.
Seelenhunger nennt er dieses, denn es ist nur das Gefühl,

welches Ehr noch spüren lässt, der Rest ist taub und kühl. Sein Herz ist starr wie seine Augen, Tränen sind nur Zeitvertreib. Dort wo Seemannsherz soll schlagen, steckt ein Eiskristall im Leib. Der Kapitän sucht seine Holde, die Wellen begruben Sie einst sanft. Sein Herz zerbrach dort bei den Masten, und erfror im Tränenkrampf. Seit dem ist er Ruhelos, und bleibt ewig auf der Suche. Auch ein Herz aus Eis trägt Hoffnung Und wird dem Eiskristall zum Fluche. Wenn Gott will, wird er Sie finden, dann kann er auch zurück an Land. Doch die Jahre sind vergangen, seine Mannschaft schon die Ruhe fand. Seemannsgräber sind nicht heilig, bleiben von der Flut geküsst. Doch das eine das erkenn ich, weil dort ein Eiskristall stets grüßt. Sein Herz war starr wie seine Augen, Tränen sind nur Zeitvertreib. Dort wo Seemannsgrab soll liegen, steckt ein Eiskristall im Leib.

Münzen Mit zwei Münzen auf den Augen, hat man seine Zeit gehabt. Zollt dem Fährmann seinen Glauben Und ist froh um jeden Atemzug. Mit zwei Münzen in den Händen, spende geben für die Not. Zollt der Welt dann den Respekt Und ist froh um jeden Atemzug. Mit zwei Münzen in der Tasche, Geld Segen für die Kirche. Zollt dem Ablass, Seelenruhe Und ist froh um jeden Atemzug. Ohne Münzen in den Händen, keine Sorge ist bezahlt Zollt dem Leben, Lebenslust Und ist froh um jeden Atemzug.

Sehen Ich habe dich glücklich gesehen, ich hab dich lächeln gesehen, ich hab dich neben mir gesehen, ich ließ dich gehen. Ich sehe dich glücklich, ich sehe dich lächeln, ich sehe dich neben ihm, ich will dich zurück. Ich will mich glücklich sehen, ich will mich lächeln sehen, ich will mich neben dir sehen, doch ich ließ dich gehen. Ich ließ dich gehen!

Tänzerin Sie wirkt wie eine Fee, so leicht und unbeschwert.
Wie sie ihre Pirouetten dreht,
ist wirklich sehenswert.
Ihre Bühne steht in Flammen,
wenn sie es nur will
und ist ihr Tanz in vollen Zügen,
sitzt kein Zuschauer mehr still.

Sie tanzt mit Leib und Seele,
schmeichelt der Musik in der sie sich bewegt.
Ihre Körperbewegung in Melodie,
ist wie ein Blatt das im Wind sich wiegt.

Sie wirkt so wie ein Engel,
ich sehe ihr oft und gerne zu.
Die Silhouette voller Stolz
und ihre Kostüme sind der Clou.
Ihre Tänze malen Bilder,
anmutiges berichten,
sie strahlt nur so vor Leben,
ihr Tanz erzählt Geschichten.

Sie tanzt mit Leib und Seele,
schmeichelt der Musik in der sie sich bewegt.
Ihre Körperbewegung in Melodie,
ist wie ein Blatt das im Wind sich wiegt.

Sie wirkt oft wie ein Kind,
man hört sie oft auch weinen.
Wenn der Vorhang langsam fällt,
dann fühlt sie sich allein.

Der Applaus betäubt die Seele.

Denn ihre Welt zerbricht,
wenn die Musik erlicht.

Niemandsland Dort wo gern die Sterne tanzen,
Gezeitenfremde Situation. Frei, wie Wolken sich bewegend,
fühlst du diese Ruhe schon. Träume schmiedende
Zufriedenheit, keine Tränen, zu keiner Zeit. Kinderlächeln,
Feeeenzauber. Kein Schritt zu weit, Glückseligkeit. Soweit wie
dich die Flügel tragen, sie sind belebt durch Phantasie.
Zufriedenheit, kein Kummer, Klagen? So frei wie hier warst du
och nie. In den Bächen fließt das Leben,
zaubert bunte Farbenpracht,
so schön wie diese Blumen blüh´n,
genau so wie dein Herz, es lacht.

Weite Felder, reines Gold,
hohe Bäume, Gut gewollt.
Blauer Himmel, Sonnenschein,
das Leben kann so prachtvoll sein.
Diese Luft so rein und pur,
unendlich frei, Mutter Natur.
Wenn ein Blitz die Ruhe stört,
und du schlägst die Augen auf.
Hat man dich zurück geholt,
in den tristen Lebenslauf.

Bergsteiger Langsam aber sicher, bedächtig, Stück für Stück.
Zieht es mich den Berg hinauf, ab hier gibt´s kein zurück. Dort
oben wo noch niemand war, der Weg ist steil doch klar. Meine
Hände sind zerschunden, zerrissen ist die Haut. Die Muskeln
sie verkrampfen, die Vögel kreischen laut. In der Höhe wird es
kälter, "Bezwungen" liegt noch fern. Dieser Berg er macht
mich älter, doch dort oben altere ich gern. Ich werde bald ein
Denkmal sein, wenn es erst einmal gelungen. Dann steht dort
oben in Gestein. "Der Mann, der IHN Bezwungen". Bis dahin
ist der Weg noch lang und die Kraft die will mir schwinden,
doch der Kampfgeist tief in mir, wird mich weiter schinden. In
der Höhe wird es kälter, ich spüre es Schritt um Schritt. Meine
Glieder werden taub und ziehen nicht mehr mit. Die Luft wird
immer dünner, aber es ist so herrlich sie zu atmen. Auch wenn
es das letzte ist was ich sehe, ich kann den Ausblick nicht
erwarten.

Es ist geschafft, doch ist mir kalt,
der Berg ist nun besiegt.
So herrlich ist die Aussicht hier
und der Tatendrang verfliegt.
Lächelnd lehn ich mich zurück
und betrachte stolz mein Werk,
doch mir ist zu kalt und ich schlaf ein,
mit einem Lächeln auf dem Berg.

Der berühmte Satz An dem was ich dir sagen wollte, bin ich sofort erstickt. Es waren die berühmten Worte, meine Schuld, Missgeschick. Jeden Tag sind wir zusammen, doch fällt niemals dieser Satz. "Ich liebe Dich" so klingt er, ein verlorener Schatz. Ich hätte nie geglaubt, das Worte mich so lähmen, nun seh ich dich Hand in Hand mit ihm und muss mich für meine Unsicherheit schämen.

Das Wort In der Stimme, ja da wächst es, ganze Sätze, Wörterfluss. In deiner Stimme lebt das Wort, was in die Welt getragen werden muss. Diese Worte können schneiden, brennen und zerbrechen, Das Wort ist mächtiger als Waffen, darum lasst uns miteinander sprechen. Worte schmeicheln, Worte wiegen. Sind Ruhe gebend und behütend. Doch ein Wort in scharfer Sprache, wirkt auf manche Seele wütend.
Unsere Stimme kann vereinen,
kann Strohhalm, letzter Halt uns sein.
Worte können auch entzweien,
verletzen und sind am Schluss gemein.

Unsere Stimme ist gegeben,
sinnvoll gesprochen ist gut gekämpft,
doch bist du um das Wort verlegen,
kommt ein fremdes was dich bremst.

Worte können unaufhaltbar sein,
verwende weise deine Worte,
denn finden sie erst mal gehör,
tragen sie sich an alle Orte.

Sinnleer? Blitzeinschlag an Sommertag, nichts bleibt mehr wie
es war. Schneegestöber, Mitternacht. Die Hoffnung streut sich
rar. Lichtbringer im Spiegel, ein großes Flammenmeer, doch
am Ende großes Schweigen, die Sehnsucht wirkt kraftleer.
Stummer Seemann, blinder Taucher, unter Wellen wirkt es
Taub. Farben verloren in Bilderbüchern, Trauerspiel beim
Freudenraub. Unheilschwanger, Trümmerwelt, Staubregen
zwingt durchs Himmelszelt. Sternschnuppen helfen auch nicht
mehr, selbst am Ende nagt die Sehnsucht sehr. Träume sind
verheilt wie Wunden, nässen noch ein wenig nach. Auch ein
Teufel der sucht Kunden und der schwächere gibt nach. Blitze
werden nicht mehr tanzen, denn die Sanduhr macht sie träge.
Sternenglanz, nur noch Gedanke. es bleibt ein Clown in der
Manege.

Hässlich Hässlich bin ich nur von innen, bin von außen
wunderschön. Die Seele dreckig und gemein,
meine Kleider herrlich, schön.

Ich lache nie und bin nicht ehrlich,
warum denn auch, bin wunderschön.
Nicht mal Wahrheiten erzähl ich.
dafür bin ich nett anzusehen.

Hässlich bin ich nur von innen,
das merkt man erst wenn man mich kennt.
Von außen bin ich engelsgleich
und wirke wie ein nett´ Geschenk.

Siehst du mich! Heute bin ich nicht mehr der, der ich einst war. Siehst du mich? Das Leben will nicht das es wahr. Siehst du mich? Ich hab Angst ICH zu sein! Siehst du mich? Ich bin allein! Ganz allein und nicht mehr da! Danke!

Charakter (Schneematsch) In die Schatten seiner selbst, wird man nie geboren. Der Charakter, ist zu Anfang, tief und fest gefroren. Doch schmilzt er dann im Lebenslauf, dann baut sich die Persönlichkeit auf. Schneematsch der noch formbar ist, wenn die Umgebung Wohlbesonnen ist. Hat man Pech, bleibt unbemerkt liegen, weil niemand dir der nächste ist. Wird es sich Renken und verbiegen, damit du nicht im Wege bist. Nicht beachtet schmilzt dann weiter, was als Kind noch blendend weiß. Bleibt zwar kalt doch fühlt nichts weiter, weil keiner ihn zu lieben weiss. Doch auch Kälte die muss weichen, wenn die Liebe sanft dann wärmt und der Mensch setzt dann die Zeichen, die er in der Kindheit nicht gelernt.

Clown Nein was habe ich gelacht, übers Leben, über Tod, über Freude und das Unheil, der letzte Halt ist und bleibt die Not. Ja ich lache weil's mir spaß macht, weil die Welt darauf reagiert, starres Grinsen aus der Trauer. Ihr lacht mit, weil es passiert. Ich lache weil ich lachen will, Spaß daran ist nicht verboten. Auch die Götter lachen mit, zeigen Humor, die hoch gelobten Mein Lächeln ist das letzte was ich trage über Tage, und mit dieser frommen Gabe... ....geh ich auch zu Grabe.

Regenmacher Aus den Himmeln wird es weinen, weil ich selbst nicht weinen kann. Immer wenn ich traurig bin, fängt es dann zu regnen an. Tränen hab ich nie verloren, werde durch den Regen nass. Manchmal wenn ich einsam bin, macht mir

der Regen sogar spaß. Die Wege meiner Suche, waren oft durchweicht. So ist das halt im Leben, es ist und bleibt nicht leicht. Wenn die Regentropfen spielen, fühl ich mich alleine. Der Himmel vergießt die Tränen, die noch nie die meinen. Doch eines ist mir sicher, so ist´s im Leben auch. nach Regen kommt die Sonne
und so ist es nun mal brauch.

Wenn es dann im Wechsel,
erinnert mich der Schein,
der bunte Regenbogen,
soll meine Hoffnung sein.

So lieblich diese Farben,
sie beleben neue Kraft.
Sie setzen nun die Zeichen,
für das was Zukunft schafft.

Doch aus den Himmeln wird es weinen,
weil ich selbst nicht weinen kann.
Immer wenn ich traurig bin,
fängt es dann zu regnen an.

Blume Blumenwiese ist nicht mehr, dafür noch Schutt und Dreck. Keine Farbe weit und breit, ein riesiger Schandfleck. Doch unter Tage wächst etwas, ganz langsam und bedächtig. Bis die Zeit gekommen ist, dann blüht es wieder prächtig.

Abschied Abschied ist ein traurig Wort, es klingt schon fast endgültig. Verlassen muss ich nun den Ort, der seit Jahren mir war gütig. Meine Blicke schweifen langsam, durch die Räume, aus den Fenstern und ganz langsam schleicht das Heute, dem Abschied immer näher. Jetzt, ist mir schon was fremd, ich hät es wissen müssen, das mich ab Morgen niemand kennt, aus den Augen, bin vergessen.
Wenn ich an die Tage denke,

an Situationen die mir beschert.
In Kummer, Liebe und der Hoffnung.
Die Zeit als Erfahrungswert.

Abschied nehmen ist nicht schwer,
das kann jeder immer wieder.
Zurückkehren dagegen sehr,
senkt befremdet die Augen nieder.

Deshalb nehm ich wohl den Weg,
der am einfachsten mir scheint.
und dreh am Schluss mich nicht mehr um,
auch wenn mein Herz ins Morgen weint.

Splitter Aus meinem Auge fällt ein Splitter, so wie Glas ist er beschaffen. Aus dem Herz ist es gebrochen, als mich ihre Wort trafen. Erst schlug es taktvoll, dann brach's entzwei. In viele Scherben und dann war's vorbei. Über Jahre muss sich wohl, dieses kleine Stück, durch meinen Körper schlagen müssen. Mit Überlebenswillen und viel Glück, Aus meinem Auge fiel ein Splitter, zur Erinnerung war er wohl gedacht. An das meine, Herz aus Glas, das heute wieder lacht. Die Zeit heilt Wunden, doch Narben bleiben, die uns als Splitter durch die Augen treiben. Aus meinen Augen fiel ein Splitter, Als Träne für mein Herz, Wertvoll und doch vergessen, genau wie heut mein Schmerz.

Scheinheilig Hab mir viele tausend Taler, verdient mir durch Spielerglück. Mit den Talern gehört mir alles, wenn nicht, dann kauf ich es Stück für Stück.

Ich kann machen was ich will,
ich kauf mir Sympathie.
So viele neue Freunde,
hatte ich noch nie.

Ich bin so herrlich glücklich,
unbeschwert und ungeniert.
Ich bin Gott nur noch viel reicher,
Scheinheilig und beneidenswert.

Ich fress mich voll und sauf mich nieder,
es ist so herrlich dekadent.
Noch nicht mal Liebe ist vergänglich,
Scheinheilig bin ich ungehemmt.

Doch wehe mir das Geld ist alle,
keine Freunde um mich herum,
wenn ich in die Schulden falle,
ist auch das Scheinheil um.

Ich bin doch glückbehaftet,
Pechgeschichte schreib nicht ich.
Und soll mich doch der Unmut packen,
kauf ich mich wieder Scheinheilig.

Stundenplan Da ziehen sie wieder die Sekunden, versammeln
sich zu Stunden, wollen meine Zeit mir nehmen und mir die
Minuten zählen. Ich habe sie schnell ausgetrickst, benutze
dafür alle Tricks. Versteck die Uhren, blockier den Sand Und
zwing die Zeit zum stillstand. Runterzählen ist nicht mehr,
denn auch die Sanduhr ist nun leer. Es ist mein perfekter
Stundenplan, hab keine Zeit, ich halt sie an. Doch die Jahre
sind vergangen, ich habe sie vergessen. Die Zeit ist link, ein
Trickbetrüger, Taschenspieler und verdammt gerissen. So ist
sie doch ins Land gezogen, ich konnte sie doch nicht halten.
Hätte ich gewusst das ich verlier,
hätte ich mich damit nicht aufgehalten.

Ich wollte nicht glauben das mein Leben doch endet,

hab es zu leben versäumt und meine Zeit verschwendet.

Der Vorhang fällt Der Vorhang fällt ein letztes mal, bei
stürmendem Applaus. Die goldene Vorstellung also, die
Akteure toben sich aus. Alles was zu bieten ist, wird heute
aufgefahren. Die Bretter die, die Welt bedeuten, es wird mit
Wucht euch vorgetragen. Mein Leben ist das beste Stück was
auf die Bühne gehört, für jeden was, ich lad dich ein genieß
mein Großes Leben. Die schönste Geschichte erzählt man
selbst, so ist das eben das schöne Leben. Voller Farben und
Musik ein Lächeln im Gesicht, auch wenn es heut das letzte
mal, es interessiert mich nicht. Schöne Strophen, Liedertext
und alle singen mit, die Stimmung kocht im Freudenzauber.
Doch das Finale rückt immer näher, ganz langsam doch sicher
Und das Schritt für Schritt. Lobgesänge und Zurufe Erst Recht
um Zugabe wird gebeten. Und Gebete schallen zum Himmel,
bitte nur noch ein Paar Tage länger leben. Noch etwas länger
spielen, meine Zugabe geben können Für die Menschen die
nach mir rufen. Weil ein jedes Schauspiel auch zu Ende gehen
muss, genieß ich den Applaus und verbeuge mich zum Schluss.

Eiskaltes Lächeln (Zeitvertreib?) Ich glaube nicht dass es
dich kümmert, wie es mir geht und wie ich denke. Meine Welt
in Scherben, zertrümmert
Und ich gehe davon aus es ist dir egal.

Alles was du mir noch schenken willst,
ist dein eiskaltes Lächeln.
Dein Lächeln im Porzellangesicht,
es tut so weh, ich will es nicht.

Ich fürchte fast die Zeit mit mir,
sie war für dich nur Zeitvertreib.
Doch diese Zeit, sie war mein Leben,
und nun fehlt die Vergangenheit (Dein Zeitvertreib?)

Alles was du mir noch schenken willst,

ist dein eiskaltes Lächeln.
Dein Lächeln im Porzellangesicht,
es tut so weh, ich will es nicht.

Alles was du mir noch schenken willst,
ist dein eiskaltes Lächeln.
Dein Lächeln in mein Angesicht,
es tut so weh, ich will es nicht.

und kann es nicht erwidern.

Nicht mehr. (Mein Zeitvertreib?)

Nachtgewitter Blitz und Donner treiben stürmisch,
Wolkenscharen vor sich her. Sind auf Irrfahrt, sehr gefährlich.
Der Regen fällt viel hektischer. Wenn warm und kalt
zusammen knallen, dann klingen wie Kanonenschlag,
Entladungen vom Himmel fallen, sind heller noch wie
Sonnenstrahl. Wenn die Fronten sich beruhigen, wirkt die Luft
nicht mehr so ängstlich, dann ist auch die Stille wieder da,
denn auch Gewitter sind vergänglich.

Keine Ahnung (Neider)

Ich weiß nicht ob es richtig ist,

wenn ich es dir so sage,
doch deine Liebe liebt dich nicht
und dass steht außer Frage.

Keine Ahnung ob es wichtig ist,
dies so von mir zu hören,
doch wenn du läufst dann triffst du sie,
und kannst den Betrug noch stören.

Ich weiß nicht ob es üblich ist,
sich andauernd zu belügen.
Doch oft ist man zu ehrlich
Und muss sich selbst betrügen.

Ich weiß nicht ob es Menschlich ist,
die anderen zu beneiden,
doch das eine weiß auch ich,
schön ist es wenn sie leiden.

Mit einer Kerze Mit einer Kerze in der Hand, steht sie am
Strand, hat nicht erkannt, dass sich ihre Flamme, tief ins
Fleisch gebrannt. Ein Aufschrei rüttelt wach Und die Kerze sie
gibt nach, versiegelt die Brandwunde, der Qualm steigt ihr aus
dem Munde. Langsam kriecht die Flamme, durch die arme
Frau. Doch ihrem Pech zu Trotze, färbt sich der Himmel grau.
Diese Tränen schickt der Himmel, löscht die zarte Haut. Der
Engel nun gelöscht, der Schrei danach sehr laut, denn kein
Wasser kann erreichen, was ihr Schicksal vorgeseh´n. Ihr Herz
schlägt fort in Flammen, brennt ewig bleibt nicht stehen. Mit
einer Kerze in der Hand, stand sie am Strand, hat nicht erkannt,
dass sich ihre Flamme, tief ins Fleisch gebrannt. Ihr Herz
brennt immer weiter, wird älter noch wie Stein.
Hält in Händen eine Kerze,
die über den Strand hell scheint.
Schutzpatron der Sehnsucht,
verhindert das er weint,
damit auch ihm im Koma,
ein helles Licht noch scheint.

Mit einer Kerze in der Hand,
stand sie am Strand,
hat nicht erkannt,
dass sich eine Flamme,
tief in ihr Herz gebrannt.

Er schlug nach Jahren die Augen wieder auf, er erwachte durch Kerzenlicht,
nun zündet er sich eine Kerze an, denn seine Frau am Strand,
die vergisst er nicht.

Kälte In meiner Brust, da schläft ein Stein. Birgt keine Hoffnung, nicht mal Schein. So hoch über meiner Seele, das diese elend friert. Mein Herz ist kalt, es schläft in Stein. Ich wünschte mir die Wärme, die damals durch dich war mein. Mein Herz verschläft das ganze Leben, wird einfach nicht mehr wach. Ich schrei ganz laut und stampfe auf, es wird einfach nicht wach. Ich vermisse diese eine Wärme, die ich durch dich gefühlt. Ganz kalt ist mein Herz, es friert, weil deine Liebe es nicht mehr umhüllt. Ich vermisse dich! Wärme mich! Mein Herz es friert so elendig. Mein Herz ist kalt, es schläft in Stein. Ich wünschte mir die Wärme, die damals durch dich war mein. Mein Herz verschläft das ganze Leben, wird einfach nicht mehr wach. Ich schrei ganz laut und stampfe auf,
es wird einfach nicht wach.

Doch wenn ich an dich denke,
dann fühlt es sich oft so an.
als würde mein Herz heimlich lachen
und sich erinnern an dich.
Es wird warm!

Gold Er suchte schon seit Jahren, diesen einen großen Schatz. Voller edelstem Metall, für was anderes ist kein Platz. Jede freie Stunde, hat er unter Tage gesucht. Zu wenig gegessen, nichts mehr gefühlt, noch nicht einmal versucht. Er merkte nicht einmal, das seine Frau ihn verstieß und als er dann den Schatz gefunden, seine letzte Kraft ihn fallen ließ. So lag er nun, zwei Tage lang, neben seinem Gold. Zeitverschwendet auf der Suche, wird er nun dort weggeholt. Niemand mehr da der um ihn weinte, auf alle wirkte der Goldgräber fremd und als er dann im Sarge lag, war keine Tasche für´s Gold im Totenhemd.

Tiefe In der Höhe, ja da brauch ich, soviel Kraft nur für uns Zwei. An einem Vorsprung, abgerutscht, die Tiefe ist viel zu nah. Ich fühle Schwäche, bittere Angst, meine Hände zittern, werden nass. Halt dich fest, seh nicht nach unten. die Tiefe ist viel zu nah. Meine Arme werden taub nun,
die Kleidung reisst kaputt,
langsam wandelt sich der Vorsprung,
in eine Lavine aus Schutt.

Die Tiefe ist zu nah,
viel zu nah.

Irrgarten (Sie und Ich) Als sie dann die Augen öffnet, war es still und auch sehr kalt. Tropfen fielen von der Decke, nasse Wände und kein Halt. Ich weiss genau sie fühlt sich traurig, doch will ich sie dort irren sehn, auf sich gestellt ganz vorsichtig, ich genieße es sie so zu sehn. Wie sie sich durch die Gänge tastet. Sie wirkt so hilflos, so verletzlich. Ganz klein, allein, entsetzlich, nicht mehr arrogant wie letztlich. Ich weiss genau es ist dort schaurig, doch will ich sie irren sehn. Auf sich gestellt und vorsichtig, ich genieße es sie so zu sehn. Wenn ich ihr die Türe öffne, wird es die Tatsache nicht verändern, das sie mich weiter hassen wird, Den Betrug in tausend Gewändern Sie weiss genau ich bin sehr traurig, doch will sie mich weiter irren sehn. Blind vor Liebe, auf mich gestellt, sie genießt es und lässt mich einfach stehn.

Das Mädchen mit der Rose Ein Mädchen ziemlich zierlich, zu fröhlich und neugierig. Fiel auf falsche Menschen rein Seele zerstört, dann ganz allein.
Dieses Mädchen mit der Rose war immer nett und freundlich, trägt bei sich eine Rose drückt zu sehr den Dornenstiel,
was in Venen edel blau, färbt nun rot das Kleidchen deutlich.

Dieses Mädchen mit den kalten Augen,
trotz Lächeln im Gesicht.
Trägt nicht nur Rosenpracht,
auch Rachegedanken tief in sich.

Einst fand sie ein Hölzchen,
mit Pech bestrichnem Kopfe,
hielt es in der zerstochnen Hand
den Warnungen zum trotze,
schlug sie Funken mit viel Schwung,
in Flamme ihre Kleidung,
hielt sie die Menschen die Ihr schlecht,
kein Mitleid, keine Vergebung.

Das Mädchen mit der Rose,
was nur noch Racheengel war.
Verbrannte einst die Stadt,
die erbaut aus Sünde war.

Ein Trauerspiel in Flammen,
niemand konnte es verstehen.
Doch sieht man zu tief ins Feuer,
ist eine Rose dort zu sehen.

Sonnenaufgang Der Morgenrau weckt leise, die Kinder der
Beete und Wiesen. Herrlich langsam und bedächtig, es gibt
kaum so Tage wie diesen. Die Blumen erheben stolz ihr Haupt,
Richtung Himmel, der noch verhangen. Dann langsam
schleicht das Licht, über die Felder und die Wiesen. Prachtvoll
geht die Sonne auf, an so schönen Tagen wie diesen.

Garten
Ich halt so gerne deine Hand,
auf der Bank, in unserem Garten.
Hab dir so gerne zugehört
Und konnte es nie erwarten,
dir von meinem Tag zu berichten,
auch konnte ich nie darauf verzichten,
dein Bild stets bei mir zu tragen.

Verliebt bin ich wie am ersten Tag,
für den Menschen den ich so sehr mag,
würde ich den Mond erklimmen
um ihr dort ein Lied zu singen.
Wenn ich an unser Leben denke, werde ich richtig stolz.
Mit dir mein Schatz nun 50 Jahr,
in unserem Garten, auf einer Bank, aus wunderschönem Holz.

Sonnenmann Auf dem Mond ein Feuer, der Mann von dort
verbannt. Mit dem Traum einer zweiten Sonne, setzte er seine
Heimat in Brannt. Ständig nur in Dunkelheit, abhängig von
Sonnenschein. Mit Funkenschlag ein Feuer, der Mann in der
Sonne wollt er sein.

Gedankengang Wenn ich daran denke, wie schön mal alles
war. Die Zeit war unnachgiebig, und stellte alles klar. Sie
zählte auf was falsch war, und änderte nichts daran. Machte
alles noch viel schlimmer, um noch mal anzufangen. Doch was
richtig war, wurde mit keinem Wort erwähnt.

Cerberus
Die Labyrinthe tief dort unten,
sind von dir bewacht, mein guter Freund,

Du dort unten an der Kette, treu bist du,
obwohl kein Licht dir scheint.

Bist der Wächter allen Unheils,
hältst das Schattenreich uns fern.
Dir selbst ist kein Licht gegeben,
nur ein Denkmal bei den Sternen.

Lieber Freund, du Schutzpatron,
Leg deine Fessel nieder.
Erhebe deine Köpfe,
erhebe dich Stolz und wieder.

Cerberus, es ist Zeit,
der Schritt in die Unsterblichkeit.
Die Sterne leuchten dir den Weg,
hinaus aus deiner Einsamkeit.

Am Fenster Langsam decken Engel, die Berge um uns zu. Der
Tag neigt sich dem Ende, erfüllt sich nun in Ruh. Ein Blick,
raus aus dem Fenster, so herrlich kann es sein. Mein Herz an
die Natur verloren, schlaf ich am Fenster ein. Langsam wecken
Engel, die Tannen, die Wälder um uns auf. Die Sonne küsst
ganz warm und ich nicke wohlwollend in den Himmel hinauf.

Zeichen Siehst du die Zeichen, dort am Firmament. Siehst du
das Zeichen, das wie Signalfeuer brennt. Siehst du die Zeichen,
sie zeigen Richtung Norden. Es sind die Zeichen,
mit Gesang des nächsten Morgen.

Es wird kalt,
es wird kalt,
es wird kälter als Eis,
jemals war.

Es sind die Zeichen der Stimme,

der Wortgewalt,
doch auch in ihrem Sinne,
es wird kalt!

Siehst du die Zeichen,
dort bei den Sternen.
Es sind die Zeichen der Freiheit,
die noch lernen.
Siehst du das Zeichen (dort oben),
was wie Signalfeuer brennt,
mit eiskalter Flamme,
das Zeichen nennt sich Firmament.

Es wird kalt,
es wird kalt,
es wird kälter als Eis,
jemals war.
Noch niemals war es so kalt,
niemals waren die Zeichen so nah.

Vorstoß Ich habe das Gefühl, das alles bitter schmeckt. Das Hoffnungsschimmer, nur falsche Träume weckt. Ich habe das Gefühl, das alles um mich weint. Doch verspür ich nichts, es bleibt so unwirklich. Ich habe oft gedacht ich bin der Überflieger, ich habe oft geglaubt ich bin und bleibe Sieger. Ich will nicht kraftlos sein, und stell mich auf Ärger ein. Krass, wird der Vorstoß werden, ein Blitz, ein harter Stein und wenn ich fertig bin, werd ich der Sieger sein. Ich habe das Gefühl, das Leben lohnt sich nicht. Doch manchmal denk ich schon, das alles ist für mich.
Ich bin schon reich beschenkt,
nur mit den falschen Gaben.
Doch wenn der Vorstoß kommt,
wird Glück zu Grab getragen.

Ich denke feierlich mein Leben ist ein Spiel,
ich amüsiere mich weil ich es spielen will,
auch wenn sie alle fragen wie kannst du glücklich sein?
Dann seh ich die Frage an, dann schau ich lustig drein.

Es ist mein eigner Wunsch immer nur Trauerspiel,
denn wenn ich glücklich wär, wär es mir auch zuviel,
drum nehm ich das so hin was mir das Glück beschert
wenn ich dann Sieger bin, weiss ich, ich bin´s auch wert.

Ein Vorstoß wird die Welt verändern denn am Schluss da bin
ich wer,
weil Geduld die Freiheit trägt wird das Kapitel meiner selbst
viel einfacher.
Nicht mehr so schwer,
bin ich wer und bleib auch wer.

Teddy Als ich Kind noch war, grüßten mich die Vögelein. Die
Spinnen lachten lustig, Schnecken schauen grinsend herein.
Als ich Kind noch war, war alles interessant. Ich entdeckte
jeden Tag was neues, und erforschte es gespannt. Ich malte
gern mit Farben, auf Tapeten oft sogar, als Geschenk für die
Frau Mutter, nur fand sie es nicht so wunderbar. Als ich Kind
noch war, waren sorglos meine Tage. Mein Teddy bester
Kumpel, Verbündeter in jeder Lebenslage. Heute seh ich oft
zurück, Wehmut nach dem Kinderglück. Doch heimlich
genieße ich oft noch ein Stück und zwar wenn ich meinen
Teddy fest drück.

Ihre Musik Ein Mädchen mit so schönem Haar, ihre
Ausstrahlung, ihr Blick. Einfach wunderbar. Ich wünscht´ ich
könnte ihre Liebe sein, doch fürchte ich selbst wenn ich es
könnte, bin ich für sie zu klein. Ihr Blick ist klar und deutlich,
doch schließt er keinen ein. Ihre Stimme prägend, dominant,
doch stimmt niemand mit ein. Die Musik, ihr Traum, nur für
sie gemacht und wohl das einzige was mit und für sie lacht. Sie
scheint allein, außer Reizen bleibt ihr nichts. Sie schläft so oft

ganz traurig ein. Ihr letzter Liebhaber war wohl nichts. Fühlt sich viel zu klein und ansonsten fühlt sie nichts. Ihrer Musik ist wohl das einzige was sie im Leben hält, auch wenn oft des Nachts Ihre Träne auf die Noten fällt. Ich wollte ihr die Hand einst reichen, als Freund wollte ich ihr beistehen. Sie drehte sich beleidigt weg, summte ihre Melodie und ließ mich einfach stehen.

Tagtraum Ich wünsche mich in den Himmel, bei den Sternen will ich sitzen. von dort oben dann die Lichter zählen, die so schön auf Erden glitzern. Bei den Sternen, ach diese Ruhe. Egal was ich hier oben tue, wird niemals diese Stille stören, man kann nichts, rein gar nichts hören. Bei den Sternen will ich schlafen, dort oben scheint das Böse fern und braucht die meine Seele Licht, bette ich mich auf dem hellsten Stern. Ach, so friedvoll ist ess hier oben,
soweit weg vom Erdentreiben.
Ich öffne langsam meine Augen,
im Himmel will ich noch nicht bleiben.

Ruhelos Den ganzen Tag, Geräuschkulisse. Die Ruhe, die ich so vermisse. Sie ist fort, was mach ich bloß? Für heute bleib ich Ruhelos. Die ganze Nacht, Gedankenfetzen. Die Ruhe, kann mich hinein versetzen. Doch hilft es nicht, was mach ich bloß? bin ich etwa meine Ruhe los?

Lustlos Ich bin heut unzufrieden, der Tag der kann mich mal. Bleib im Bett lieber liegen, es ist mir eh egal. Ich hab keinen Bock zu schreiben, also lass ich es sein. Werd mich heut bestimmt nicht treiben, auch das Wetter ist gemein. Ich bin Lustlos und schlecht gelaunt, habe darüber doch gestaunt, doch solche Tage muss es auch mal geben, Lustlos vergeht ein Tag in meinem Leben. Die Zigaretten leer und der Kaffee kalt. Da kommt bestimmt noch mehr, denn so ist es halt. Bin froh wenn Abend ist und ich schlafen gehen kann. Morgen ist ein neuer Tag, mit dem ich mich wieder freuen kann.

Kurzer Blick in die Hölle Gerade bin ich noch entkommen, Trümmer flohen an mir vorbei. So will ich nicht in den Himmel kommen, egal wie nah ich ihm auch sei. Ich will nicht sterben unter Trümmern, die einst Zuflucht für Familien. (Waren nicht mehr glücklich hier, wurden Opfer von Landminen) ich sah die Kirche und sie brannte, Feuerzungen, Funkenflug und den Priester wie er rannte, bis ihn ein Kreuz aus Holz erschlug.

Es interessiert mich nicht Nun ist der Bogen überspannt, die Geduld findet ihr Ende. Du redest gern mit mir, und das nur über dich. Ich will dich ja nicht stören, aber es interessiert mich einfach nicht! Tja, die Welt ist steh´n geblieben, dreht sich nicht mehr nur um dich doch das schöne an der Sache, es interessiert mich einfach nicht! Es ist mir gleich ob es dir gut geht, es ist mir egal auch wenn du weinst. Schreck nur auf du kleines Licht, es ist egal, du interessierst mich nicht.

Kein Vertrauen Kein Vertrauen in ein Seil, was schon mal gerissen ist. Kein Vertrauen in ein Schiff, dessen Mast schon mal gebrochen ist. Kein Vertrauen an die Sterne, die schon lang gefallen sind. Kein Vertrauen mehr an jene, die zu Machthungrig sind. Vertrauen ist mir wichtig, es lässt mich besser schlafen, nur ist es zu schnell gebrochen, weil viele damit um sich werfen. Kein Vertrauen mehr in Segel, die schon mal zerrissen sind. Kein Vertrauen mehr in Autos, die aus dem Graben gezogen sind. Kein Vertrauen mehr an Essen, was zu

sehr versalzen ist. Kein Vertrauen mehr an Wasser, das nich
mal mein eigen ist. Ich vertraute doch so gerne, es füllte mich
mit Ruh. Doch gebrochen das Vertrauen, ich ließ es damals zu.
Kein Vertrauen in die Umwelt, die mich halt umgibt.
So stirbt am Schluss der eine,
der keinem vertraut und keinen liebt.
Schleppt sich noch zum Spiegel,
der einziger Freund je war.
Ein entsetzter Blich, er schreckt zurück.

Kein Vertrauen in einen Spiegel,
der gebrochen ist.
Kein Vertrauen in die Scherben,
die sein Leben zurück lässt.

Ein Sonnentag (Für Coco) Mein Kind wo willst du denn heut
hin, an diesem Sonnentag? Hinaus, liebe Mutter. In die Natur,
ich nicht im Hause bleiben mag. Draußen wo die Sonne wärmt
und die Vögel für mich singen, dahin wo die Farben satt, die
Freude in mein Herz mir bringen. Draußen wo der wind schön
tanzt, die Blätter mit ihm fliegen. Den Blumen die mich stets
lieb grüßen, geh ich heut ein Stück entgegen. Herrlich ist es
wenn ich dann schau, leicht geblendet von der Sonne, in den
Zauber, Himmelblau. Dieser Tag die reinste Wonne.
Freundlich ist´s um mich gestellt, fürs Gemüt der reinste
Segen. Ich lach heut einfach in die Welt, denn sie lächelt auch
mir entgegen. Es ist zwar schön doch Abendrot, verheißt des
Tages Abschluss. Wenn dann die Vögel ausgetobt, wird es
ruhig, ein letzter Abschiedskuss.

Farben(froh) Soviel stellte ich in Frage, warum? Wieso?
Sinn? Doch die letzten Tage, zeigten mir, nimm es einfach so
hin. erfreue dich am Leben,
nimm nicht alles so ernst,
entspann dich mal ein wenig,

liebe was du lernst.

Denn das Leben trägt,
in allen Farben seine Kleider.
Nimm dir diese Farbenpracht
und male deine Tage bunt weiter.

Ahoi I Auf meinem Schiff Konfrontation, darauf wartest du ja
schon. Steuer ich die Segel schlaff, sacht auf dich zu, ob ich
das schaff? Mein Bug mit Argument beschlagen, was ich seit
Nächten hab, gefunden und aufgetragen. Warte ich auf die
nächste Brise, ich hoffe dass diese, mich volle Wucht ins
Wortgefecht haut und ein neues Kapitel baut. Hab keine Lust
mehr einzulenken, will dich im Wortgefecht versenken und
wenn es mir gelingen sollte, fordere ich erstmal Revolte, auf
dem einen Narrenschiff, was mich versenken wollt am
Kummer-Riff.

Erinnerung Ich halte ein altes Foto hoch, ach liebe
Erinnerung. Höre unsere alten Lieder, ach liebe Erinnerung.
Erfasse oft noch deinen Duft, ach liebe Erinnerung. Deine
Stimme klingt mir im Ohr, ach liebe Erinnerung. In deinen
Augen such ich Rat, ach liebe Erinnerung. Spüle deine
Lieblingstasse, ach liebe Erinnerung. Deine Kleider falt ich
weg,
ach liebe Erinnerung.
Mache deine Bürste sauber,
ach liebe Erinnerung.
Zünde mir deine Zigarette an,
ach liebe Erinnerung.
Weiß, das hat dich geärgert,
ach liebe Erinnerung.

Mach mich nun auch auf den Weg,
ach liebe Erinnerung,

Bringe deine Lieblingsblumen,
ach liebe Erinnerung.
Vor deinem Grab da steh ich nun,
ach liebe Erinnerung.
Ich wünschte ich könnte etwas tun,
ach liebe Erinnerung.
Der Anruf hat mich damals entsetzt,
ach liebe Erinnerung.

Heute ist der Jahrestag,
ach liebe Erinnerung.
Ich ihn so gern vergessen mag,
ach liebe Erinnerung.
Der Regen war dein bester Freund,
ach liebe Erinnerung.
Hat an der Beerdigung geweint,
ach liebe Erinnerung.
Verlass dich heute wieder mal,
ach liebe Erinnerung.

Morgen komm ich wieder her, wie jeden Tag.

Ach liebe Erinnerung,

könntest du mich doch nur einmal zur Ruhe kommen lassen.

Geister Ich fühl mich überdreht, Zigarettenqualm in die Luft.
Erst mal ne Tablette her, weil mich die Arbeit ruft. Mit Kaffee
zu mir nehmen, für Bier ist es noch zu früh, was soll's, einen
Schluck vom Klaren, der lässt mich auch aufblühen. Jetzt erst
mal einen Kaugummi, ja den brauch ich jetzt. Vielleicht sogar
noch Zähneputzen, bevor ich mich ins Auto setz.
Heut wird es stressig wohl,
ist kaum auszuhalten,
werd bei der Tanke da,
wohl erst mal Zwischenhalten.

Kippen sind fast leer,

das darf nicht wahr sein,
ich kauf drei Schachteln mir
und trink dann doch ein Bier.
Zittrig und hektisch,
will ich ganz schnell weiter,
stolpere über einen Tisch,
besoffen wie kein zweiter.

Lass den Blick dann schweifen,
frag: was mach ich hier bloß?
doch ich kenne darauf die Antwort.

"Denn die Geister die ich rief werde ich nun nicht mehr los"

Ein Spiel? Ich glaube ich halte sie in Händen, hab mich bei
Träumerei erwischt. Ich schüttele den Kopf, denn es regnet.
Ein Lächeln ziert nun mein Gesicht. Die Herzdame in den
Händen, kann ich dieses Spiel gewinnen? Das Heer der
Könige, die Bauern, wollen mir das Herz nicht gönnen. Blicke
bekämpfen, sie starren, ich lass nicht los, Asse fallen wie
Schnee. Zu viele Kreuze zieren den Ablauf, doch nicht die
Herzdame, ich versteh`. Was ich halte, fällt zu Boden, die
Angst steht still, ich warte. Herzdame fällt mir in den Arm, als
Dank der einen Jokerkarte.

Gestrandet Mit deinem Foto in den Händen, werd ich
versinken in den Wellen. Habe Sehnsucht nach der Flut,
nach dem Ende, nach dem schnellen.
Bin hier alleine zwar besinnlich,
doch zu müde nun geworden.
Ertrage den Gedanken nicht,
an Morgen, Übermorgen.

Schreite langsam hin zum Ufer,
welches nur erahnbar ist.
Setze einen Schritt hinein,

einen Schritt in Sand der mich vergisst.
Ich schau nun Richtung Himmel,
die Sonne scheint und lacht mich aus.
Bin so müde von der Stille,
ich will zurück zu dir, nach Haus´.

Viele Tage in der Ferne,
wohl niemand weiß wo ich hier bin.
Das Wasser salzig wie meine Tränen,
immer näher kommt der Wahnsinn.
Doch dies Wasser wird erlösen,
was hier sehnt bei Tag und Nacht,
wird begraben unter Schimmer,
den Seemann dann mit aller Kraft.

Mit deinem Foto in den Händen,
werd ich nun zu Wasser geh´n.
So sehnsuchtsschwer und viel zu müde,
einen Schritt den nächsten zieht.

Zum Horizont ist es nicht mehr weit,
ein Scherz unter praller Sonne.
Denn Blick gebannt nun auf dein Bild,
ob du dich freust wenn ich nach Hause komme?

Mein Schatten Kalter Schweiß, so salzig wie Tränen,
unterstreichen diese Nacht. Voller Albtraum und Unruh, bin
ich aufgewacht. Eine Wut steigt in mir hoch, unerklärlich und
doch pur. Immer noch diese Bilder, was soll das nur? Starre
lange in das Dunkel, suche etwas, irgendwen. Dieser Schatten
dort bewegt sich, also steh ich auf, geh hin.

Dieser Schatten ist der meine,
beobachtet mich schon lang.
Erfreut sich an meiner Unruh,
wünscht meinen Untergang.

Sollst du nicht Freund sein,
mir mein Schatten?

Er lauert immer noch
und gab bis heute keine Antwort.

Du mein Schatz Du mein Schatz, mit mir allein. Bergsteigen,
Wandern, Sonnenschein. Ach was kann es schöneres geben,
wenn so herrlich unser Leben. Du mein Schatz, mit mir im
Hang. Kletternd, weiter, sei nicht bang. Du mein Schatz, hilf
mir, ich falle, erst die Steine und dann ich. gepolter bei schrei
Gehalle. Du mein Schatz, wo willst du denn hin? ich konnte
mich noch halten, an dem Ast der dem Berg vorhing. Du mein
Schatz, so kalt, bist gnadenlos. drehst dich nicht mal zu mir um
und ich falle in des Tales Schoß. Ach was kann es schöneres
geben, wohl ohne mich dein Leben.

Du mein Schatz II
Sieh her mein Schatz,
ich lebe immer noch.
du bist ganz starr, entsetzt.
Starrst nach unten und ich hoch.
Ich bin nicht mal verletzt.

Du mein Schatz,
deine Augen blau,
in ihnen funkeln von der Sonne,
auch mit Angst ist dein Gesicht,
die reinste, wahrste Wonne.

Wo ist der Abschied meiner Seele,
den letzten Kuss hast du verwehrt.
Ein freies Leben vor den Augen,
ohne mich ist es wohl unbeschwert.

Du mein Schatz,
komm her zu mir.
Kaum ein Schritt ist mehr zu tun
mit dem Rücken Richtung Freifall,
Sieht mir in die Augen und dreht sich um.

Der erste Schritt, zerfetzt,
die unangenehme Stille.

Ach was kann es schöneres geben,
wohl ohne mich ihr Leben.

Du mein Schatz III Diese Stille ist so drückend, doch der
Wind spricht wohl mit mir. Ich schaue über den Abgrund, um
zu suchen, nach ihr. Dort unten in den Talsee, ist sie wohl
hinein gefallen. Kein Schatten von ihr zu sehn, doch verraten
sie die Wellen. Du mein Schatz, bitte hilf mir. Ein Klagen,
wimmern ist zu hören. Ganz zittrig, doch direkt, schleichen
Worte die die Ruhe stören. An dem Ast der mich zuvor
gerettet, hat sie sich noch halten können. Nur Steine haben sich
in den See gebettet, verkrampfter Griff unter stöhnen.
Sie sieht mich so sprachlos an,
ich Greif nach ihr, ich kann nicht warten,
Tränen strömen in die Augen,
will ich sie überhaupt noch halten?

Was kann es wohl schöneres geben,
vielleicht ohne sie, mein Leben?

(Er hat sie nicht fallen lassen und half ihr hoch, so musste
niemand dafür büßen, dass die Liebe auch mal Fehler macht)
Schutzengel Ich folge dir schon so lange, denn du sprichst zu
mir im Schlaf. Im Traum zu dir befohlen, als dich Vorahnung
wohl traf. Du kennst nicht mal meinen Namen, doch ist dein
Vertrauen in mich blind. Deinem Wunsch will ich

nachkommen, ob die Zeichen richtig gedeutet sind? Wie ein Schatten steh ich bei dir, folge dir auf Schritt und tritt. Deine Gewohnheit wird mein Rätsel, oft verwirrst du mich damit. Wie können sich die Träume kreuzen, wenn die Gesichter dazu fremd, warum fühl ich mich verpflichtet, den zu beschützen der mich nicht kennt? So viele Fragen ohne Antwort, mein Traum und Ziel ist nur dein Schutz. Ich find dich nichtmal attraktiv, also auch kein Eigennutz. Wenn du fällst werd ich dich halten, so scheint es ja vorherbestimmt. Vor Schmerz werd ich dich bewahren und vor dem der dir nicht gutgesinnt. Du kennst nichtmal meinen Namen, doch ist dein Vertrauen in mich blind. Deinem Wunsch werd ich nachkommen, ob die Zeichen richtig gedeutet sind? In der Zeitung zum Vortag stand: "Frau versuchte Verunglückten wieder zu beleben, dieses ohne Erfolg, der Mann verstarb noch in ihren Armen... Was seltsam war, sie fühlte sich glücklich obwohl sie den Mann nicht kannte... Der Polizei sagte sie das sie sich in ihrem Leben noch nie so sicher gefühlt habe..."

Wolltest du nicht? Wolltest du nicht treu sein, hast mir die Liebe geschworen. Hast du mir nicht gesagt, du hättest dein Herz an mich verloren. Wolltest du nicht meine Liebe, in guten und auch schlechten Tagen, auf ewig mit mir tanzen, ein "uns" in nahe Zukunft tragen. Wolltest du nicht Familie gründen, in einem Haus, in unserem Nest. Was bleibt ist nur ein Abschiedsbrief, schaust mich nicht mal an, wenn du mich verlässt.

Brandsätze Diese Zeilen soll´n erreichen, das es zwischen uns wieder funkt und die Sehnsucht hat meine Feder ganz tief dann in Benzin getunkt. Ja, auf flammende Herzen, darauf schreibe ich nun hin. Die Kraft der Liebe zwischen uns, verfasst auf Kerosin. Unsere Augen sollen glühen, so wie es war vor langer Zeit. hitzewallend, Funken sprühen,
fast explosive Zweisamkeit.

Unsere Herzen sollen brennen,

gleißend hell in Ewigkeit.
Selbst die Sonne soll es beneiden,
bis von uns nur Asche bleibt.

Doch ein Glühen in der Seele,
wird stets in Erinnerung bleiben.
Von der Sehnsucht die Feder führt,
neue Worte aus Benzin dann schreiben.

Der kahle Baum Ein kahler Baum so ganz allein, würde so gern ein Weihnachtsbaum sein. Doch die Tage werden länger, die Wälder sind vom Schnee geküsst. Ein Vater mit seinen Kindern, auf Baumsuche, der Tradition bewusst Der eine zu groß und viel zu Mächtig, der andere zu klein und Mittelprächtig. Die Kinder neigen sehr zum Übermut und kein einziger Baum ist gut genug. Die Kinder sind dem Streite nah, den Vater stört dies ganz und gar. Nicht in diesen schönen Tagen und denkt den kahlen werd ich schlagen. Gesagt getan, das Bäumchen fällt. So hatten es die Kinder sich nicht vorgestellt. Trotten mürrisch dem Vater nach, der einen schnellen Weg nach Haus versprach. Dort angekommen sah auch schon die Mama, was für ein kahler Weihnachtsbaum das war. Unser Gast ist ziemlich ungewöhnlich, eher Bettelmann anstatt König. Doch der Vater sprach zu seiner Frau, es zählt nicht das Äußere das weißt du genau. Also bringt den Baumschmuck her, unserem Gast zum Gruße, bitte sehr. Mit edlem Rot und treuem Gold, wird der Weihnachtszeit nun Ehr gezollt. Den Kindern verschlägt es den Atem, der kahle Gast aus Gottes Garten, ist einfach nicht mehr zu erkennen so stolz an Ihm die Kerzen brennen. Sie schwärmen vor dem edlen Baum, es ist so schön ihn anzuschauen.
Papa es ist wirklich wahr,
den schönsten Baum haben wir dieses Jahr.
Seht ihr spricht der Vater nun,
das schöne hat nicht immer mit dem Äußeren zu tun.

Unsere Hände, unsere Freude
Und der Glauben in unsere Träume.
Erfüllen das Trübe mit Sonnenschein
Und lässt die graue Hülle vergessen sein.

Nur Heute Mal wieder ein Glas zuviel, der Maßlosigkeit
gefrönt. Fast durch Selbstmitleid ertrunken und sich selbst zum
Narren gekrönt. Nicht mal in den Spiegel sehen ohne
ausgelacht zu werden. Nicht mal etwas läuft wie es sein soll,
kein Glück ist hier auf Erden. Das Genick schmerzt
unerbittlich, die Schultern fallen nach vorn. Den Kopf hängen
lassend, ist mir kein Glück geboren. So Tage wie der heutige,
sie kommen und sie gehen und Morgen ist die Welt, wieder
herrlich anzusehen.

Anfang Zugedeckt mit falschen Zweifeln, der Tagtraum treibt
das Heer. Ist das alles schon zu Ende, war der Anfang denn
schon leer? Worte schneiden sich wie Klingen, motivieren nun
das Fleisch. Steine werfend Richtung Hoffnung, es ist ganz
einfach, viel zu leicht. Soll ich warten auf mein streben, das
sich viel zu tief in mir verbirgt, oder geh ich nun den Schritt
nach vorne, vor dem ich zweifle, der mich verwirrt.

Kaum zu fassen und unentschlossen,
wie ein verregneter Sonnentag,
aus dem der Regenbogen wird geboren,
der als Versprechen leuchten mag.

Ja versprechen werd ich vieles,
traurig nur das es keiner hört.
Hab mich mit mir selbst betrogen
und mein Handeln mir erschwert.

Ich kann nicht glauben das ich warte,
auf das streben tief in mir,

doch werd ich einst begreifen,
der Anfang versprach mir mehr.

Nur Heute II Ich nehme dich mit auf eine Reise, komm mein
Herz nimm meine Hand. Lass es geschehen auf seine Weise,
mit Gefühl, Genuss und mit Verstand. Über Wolken wollen wir
schreiten, sehen was unsere Lieben tun. Dann den Regen noch
begleiten, um uns auf Regenbogen auszuruhen. Lass uns über
Seen schweben, genießen unser Spiegelbild. Es ist so
prachtvoll dieses Leben, so reich an Farbe, so frei gefühlt. Lass
uns tanzen durch die Wiesen, auf Feldern golden wie ein
Schatz. An Wundertagen so wie diesen, macht das Träumen
am meisten Spaß. An so einem Tag wie Gestern, da hab ich
nicht geträumt. Hab meine Augen fest verschlossen und die
schönen Dinge nur versäumt. Doch solche Tage muss es geben,
seien sie auch so verflucht, sonst könnte man das Heute nicht
so erleben, was mir als Glücksgefühl verbucht.

Zauberer Ich zaubere dir die Welt schön, heiter,
die in Wahrheit bitter grau.
Ich sing mit dir die Lieder weiter,
über Ozeane so schön und blau.
Ich zaubere dir die Lüfte sauber,
die fast Brennen in der Lunge.
Ich zeige dir wie schön es ist,
mit dem Herzen auf der Zunge.

Alle werden dir erzählen,
hör nicht auf den alten Mann.
Der ja nun so reich an Tagen,
sie nicht mehr alle haben kann.
Ich zaubere dir Verständnis,
für diese schöne Welt.
Auch wenn sie so oft dir schlecht ist,
möcht ich das sie dir gefällt.

Sehn Sucht Ich weiß immer wo was los ist, ich bin stets überall dabei. Wenn ich vor dem Funkgerät sitze, lasse ich meine Sucht dann frei. Wenn dann endlich was passiert ist, hält mich nichts mehr davon ab. Fotos schießen, Filme drehen, vom Unfall bis zum Grab. Kann es mir nicht nehmen lassen, mir Unfälle stets anzusehen. Bin fast immer mit der erste, auch wenn die Ärzte mir im Wege stehen. Gaffer wurde ich oft gerufen, doch kann das eh niemand verstehen. Meine Sucht hat mich berufen, mir Unglück anderer zu ersehnen.

An einer Klippe An einer Klippe, hängen zwei Gestallten. zitternd an glatten Steinen, können sich nicht halten. Sie rutschten sehr tief, weil ihre Seile rissen überleben kann nur einer
und das werden beide wissen.
Ein gefährlicher Akt
und das Hand in Hand,
in schwindelnder Höhe.
An dieser steinernen Wand.

Lass mich fallen,
schreit er heiser.
denn wenn ich falle,
dann lebst du weiter.

Sie wollte ihn nicht fallen lassen,
wollte seine Hand noch fassen,
doch das Schicksal trennt was zusammen gehört,
und das Leben geht weiter weil es das Leben nicht stört.

Kannst noch so traurig sein,
es bringt dir gar nichts ein.
Das Schicksal ist manchmal Schwein,
deshalb bleibst du auch diesmal allein.

Hofnarr Ein Lächeln soll dir sicher sein, wenn wir uns wieder sehen. Denn genau ein solches Lächeln, war gegönnt dir schon beim gehen. Der Gedanke an dich, zieht Mundwinkel nach oben. Dein Anblick dabei, lässt die Lippen fast toben. Das schöne daran ist, du hasst es dir verdient, wenn alles lacht, weil es sich deines Lebens bedient.

Traumfresser Als Kind da jagten mich Träume, sie waren sehr gemein und grau. Im Schlaf gejagt durch enge Räume, von Gestalten in dunkelblau. Als ich meiner Mutter sagte, ich schlaf nie mehr, ich bleibe wach.
Sagte sie mit sanfter Stimme,
schau mal her was ich hier mach.

Aus Papier und Phantasie,
bastelte sie ein Wesen.
Ich zweifelte, das klappt doch nie,
Kummer in meinen Augen zu lesen.

Über dem Bett war es angebracht
und Traumfresser genannt,
schlief seitdem fasst jede Nacht,
die Alpträume waren verbannt.

Lang ist's her

So ein beharrlich schöner Tag,
das Land gefärbt in weiß,
tanzend kleine Flocken,
der Ofen lodernd heiß.

Sitzend in meinem Sessel,
träum ich vor mich hin.
Ich atme tief und freue mich,
weil ich wohl glücklich bin.

Ach so herrlich der Gedanke,
ist dies wohl die Glückseligkeit?
Ich halte den Moment ganz fest,
denn er ist der beste seit langer Zeit.

Regenbogen Die Vögel singen laut ihr Lied, zum Gruß der Mutter Sonne, die gütig grüßt in rot zurück, dem Tag der mit ihr komme. Vollkommen das Ballet in weiß, tanzend im Schimmer blau, sanft bewegend und erhaben, gleichend einem Wunsch, gar Traum. Warmer Kuss an Mutter Erde, lange bekannt und noch geliebt, fällt ein Regen von den Himmeln, der Farbenspiel den Zauber gibt. Farbenzauber in seiner Reinheit, Gefühle in Bewegung setzt, das mir warm und froh ums Herz und nichts mehr am Glück zweifeln lässt.

Du brauchst mich nicht Ja, ich spüre es geht dir besser, siehst so herrlich strahlend aus. Federleicht sind nun die Schritte, nicht verrannt nur geradeaus. Es ist die Freude in den Blicken, die deine Welt aufmerksam macht, voller Wonne ist dein streben,
so schön wenn deine Seele lacht...

...und dafür hast du mich nie gebraucht.

Liebeslust In Liebeslust an weicher Brust, entfacht so schnell das Feuer. So treu geliebt an deiner Seite, dieser Moment so frei und teuer. Schattenbild an Wände malend, so eng umschlungen, blickvertieft, die Zeit um uns wirkt strahlend, wohlwissend wer da liebt. Wenn die Zeit dann streicht, der Tag dann langsam früht, tief versunken in deinen Augen, so heiß und doch verglüht.

Unsicher Auf einem Stuhl, vor einem Fenster, starre ich ins nichts, gequält von Hirngepenstern, im Schweiße meines Angesichts. Mein Magen wirkt so schwer, er schmerzt durch meine Gedanken, meine Blicke tanzen leer, es ist der Unruh zu verdanken. Meine Angst erdrückt mich, zerquetscht mich regelrecht, ich fühle mich so unglücklich und ich glaube mir wird schlecht. Ich fühl mich wie gelähmt, es geht kein Schritt vor noch zurück, ich find es fast unverschämt, das alles mir missglückt. Ich hasse diese Tage, auf dem Stuhl an einem Fenster, wenn ich mich immer das Selbe frage, macht mich das nichts tun besser? Es wird um mich viel enger, ich erdrück mich selbst,
ich kann das nicht mehr länger,
auch wenn du mich in Frage stellst.

Ich fühle mich unsicher
und du kannst das nicht verstehen,
Nichtwissendes Gekicher,
wenn ich zu dem Stuhl ans Fenster geh´.

Ziellos An einem Tag in finsterer Nacht, hat sie den Kummer ausgelacht, gab niemanden ein Stück vom Glück und wünschte sich so manche Träne zurück. Ich brauch kein Ziel um anzukommen, und erst Recht kein Leitgebet, auch wenn aus Frust ein Berg erklommen, es war es ist es bleibt zu spät. Sie trauert nun auf ihre Weise, denn Hilfe nehmen kann sie nicht, sie flüchtet stets und schimpft es Reise, ein Weg der nicht einmal Ziel verspricht. Viele haben sie trösten wollen und zeigten ihr den Weg, sie ist nie dort angekommen für kluge Worte ist es jetzt zu spät.

Zeichen setzen Oh, wie süß so manche Worte, die gesprochen gar nichts wert, die Konsequenzen unübertroffen, die so manche Narbe nährt. Vertrauen ist was feines, geziert mit Hoffnung, Manifest. Narbenreich wird es erst dann, wenn uns die Zuversicht verlässt. Doch wenn wir es schaffen sollten, dies für unsere Kinder zu erhalten, werden Berge sie bald versetzen und die Welt sich froh gestalten.

Ewiger Kampf (Es ist nicht hoffnungslos) Eine Zigarette in der Hand, der Kopf erzeugt Druck. Unwissenheit in den Händen, ein andauernder Spuk. Wie kann ich mich ernst nehmen, wenn Sucht zum Alltag wird, ein andauerndes streben, nach dem was mich zerstört. Es muss doch etwas geben, was mich davon befreit, was ist das für ein Leben, das nach Betäubung schreit? Leergut zählend um zu kaufen, was mir wohl den Tag versüßt, ich kann nicht einmal soviel saufen, das mein Spiegelbild mich grüßt. Es kann so nicht weitergehen, es macht mich nur kaputt, steh so oft im Mittelpunkt, der mich nun auch verflucht, was würde ich drum geben um einen Hilfeschrei, wer wird mir Hilfe geben, oder geht man an mir vorbei, kann ich denn noch hoffen, das meine Seele kämpft, oder bin ich schon so besoffen, das sich mein Wille schämt. Mit leeren Flaschen werfend, so stark die Unzufriedenheit, es ist mein Wohl betreffen, zerstören ist kein Zeitvertreib. Ich muss die Augen öffnen, sonst stirbt dieser Alptraum nie, Oh Gott, hilf mir meinen Stolz zu brechen, ich flehe, fall auf die Knie. Es zerspringen Gläser als Zeichen mir geschenkt, werd den Einem Ausweg finden, der mich in neue Bahnen lenkt.

Seifenblasen Aus bunter Masse,
nun erhebt sich,
ein in Farben getauchter Ball,
neugierig auf den Weg,
den er in bunt schon oft geträumt.

Ganz erhaben sanft gar treibend,
sehr bedächtig doch zielstrebig,
schwebt nun diese Farbenpracht,

in die große Welt hinein.
Voller Zuversicht und Träume,
als ein Wunder ist es vollbracht.

In der Sonne spiegelt,
sich der Tanz des Reisenden,
mit Rückenwind, die sanfte Brise.
Die das streben trägt für gewisse Zeit.
So unbeschwert unter sehnen,
was die Zukunft lächeln lässt,
so herrlich bunt das große Leben,
wenn man sich nur treiben lässt.

Aus bunter Masse,
nun erhebt sich,
ein in Farbe getauchtes Heer,
was am Anfang fliegt zusammen,
enthält für jeden am Ende mehr.

Seifenblasen II Wie Tränen eines Regenbogens, sind sie
anzusehen. Schillernd bunt, so gar nicht traurig Sind sie zu
verstehen. Die Großen fliegen stets voraus, ebnen den
kleineren den Weg, ein Leben nur in Gemeinschaft, der
einzelne muss vergehen. Sinnbild oft für Träume, die nicht in
Erfüllung gehen, doch deutet man es anders waren sie stets
bunt und schön. Richtunggebend in der Herde, Harmonie im
Farbenspiel, sanftes Gleiten für die Seele, bis sie dann zerplatzt
zu Boden fiel. Aus Gesamtheit wird nun Ego, das sich
unterwegs erweckt. Denn jeder Träumer weiss es besser, das in
jedem dieses Schillern steckt.
In Eigenheit wird nun bestritten,
was Anfangs gemeinsam begonnen war,
doch eh man sich versieht,
ist die Richtung mehr als klar.

Seifenblasen III Die Welt spiegelt sich wieder, in diesem
fremden Gast, der langsam doch zielstrebig, erhaben und ohne

Rast, die Welt bereist um sie zu begreifen. Er ist in bunt gewandet, vielseitig seine Haut, die widerspiegelt was sie sieht, die färbt was um sie geschieht. Der Reisende ist gelehrig, das ist der Grund für seine Reise, hat soviel zu fragen und beantwortet sie auf seine Weise. Die Welt ist groß und weit, sie hat soviel zu bieten, die Reise also noch lang, doch genau wie es die Lehrer rieten, geht es weiter Schritt für Schritt und es ist jeder Augenblick, der die Reise so lehrreich macht, bis das Ziel erreicht und der Weg vollbracht.

Ein Freund Ein Freund ist mehr als Hoffnung, er ist oft der Rückhalt. Der ehrlich ist mit seiner Meinung, als Sonne die dann strahlt. Ein Freund ist keine Geste, er ist ein Treuepfand. Die Freundschaft ist umsonst, also gib mir deine Hand. Als Freund bin ich vergänglich, die Freundschaft jedoch bleibt, sie währt oft lebenslänglich, so kostbar diese Zeit.
Drum lass uns die Hand reichen,
denn dies ist vieles wert.
Zwei Herzen die sich befreunden,
sind was Vertrauen nährt.

Ein Freund ist wie ein Schatz,
wertvoll und beliebt.
Oft unterschätzt doch dann vermisst,
weil er Zuversicht uns gibt.
Zusammenhalt erstrebt stets,
einen ewig langen Weg.
Gib mir deine Hand und vergiss nicht,
es ist viel leichter wenn man zusammen geht.

(Meiner großen Liebe Katharina gewidmet)

Nur ein Kuss Es war wohl ein Augenblick der Schwäche, der uns kurz gegeben war, vorher so berechnend kalkuliert und für Sekunden viel zu nah. Hast du es auch gespürt dieses sehnen, in deinen Augen stand es so, deinen Atem spürend vor begehren, dieser Moment er schien so froh. Was hat das zu

bedeuten, so unsicher unser Schritt zurück, kennen wir es jetzt schon besser? Unser nicht vergönntes Glück. Ich habe Angst es dir zu sagen, dieser Gedanke in meinem Kopf, auch du schaust fragend Richtung Himmel, auch du spürst das dein Herz stark klopft. Tränenspiel in diesen Augen, die vor Lust so herrlich strahlten, es hat keinen Zweck daran zu glauben, das unsere Herzen zusammenhalten. Ich wünschte mir ich könn´t es ändern, doch beide sind wir schon bestimmt. Auf uns warten schon zu Hause, die denen wir schon zugestimmt. Bitte lass uns jetzt nicht gehen, so als wären wir uns fremd, Ich kann in unseren Augen sehen, es war ein so schöner Moment.
Wenn wir an uns denken,
wird die Sehnsucht sprechen,
ziemlich laut und mit vollen Gesten,
werden unsere Herzen brechen.

So warm Ich glaubte nicht an neue Wege, diese schienen unerreicht. Tausend Hürden, Herz wie Stein, ein weiter gehen war nicht leicht. Doch aus den Schatten greift nun nach mir, was mein Herz oft ignoriert. Nimmt meine Hand in Ihre und bringt das Licht was mich berührt. Federleicht sind nun die Schritte, schwebend fast, kein Weg zu schwer. Mir wird so warm in deinen Armen, dein lieber Kuss, ich danke dir.

Schade Sie mit Ihren schönen Augen, wie Diamanten in Porzellan gefasst. Bedeckt von Haar das ziert wie Gold, dem Ganzen ist es angepasst. Diese Haut so sanft wie Seide, wirkt glänzend wie schönstes Glas, ist wahrlich eine Augenweide, sie zu bewundern der reinste Spaß. Dieser Körper zierlich schlank und spart nicht an Reizen. Gestik, Mimik, elegant um mit Schönheit nicht zu geizen. Doch irgendwas hat nie gestimmt, ach dieses arme Wesen, zwinkert mir noch zu bevor sie springt, ach wäre ich doch nur nah gewesen.

Selbstgerecht Selbstgerecht sind die Richter, die dir auf die Schulter klopfen. Betrügen sich sogar noch selbst, wenn Tränen in Ihre Hände tropfen.

Du brauchst mich nicht Ja, ich spüre es geht dir besser, siehst so herrlich strahlend aus. Federleicht sind nun die Schritte, nicht verrannt, nur geradeaus. Es ist die Freude in den Blicken, die deine Welt aufmerksam macht, voller Wonne nun dein streben, Es ist schön das du wieder lachst.

So bunt Wie nun die Wälder, so auch das Leben. Alles getaucht in sattem bunt. Man kann dazu fast nichts sagen, man genießt und hält den Mund. Goldener Herbst im Blättertanz, eine Pracht fürs Auge, sogar fürs Herz. So viel Bewegung in der Luft, die Welt wird nun Bedächtig.
Kein Wunder für verträumte Seelen,
denn es ist so Farbenprächtig.

Ohne Regen dafür mit Sonne,
kann mich gar nicht satt dran sehen.
Doch auch die schönsten Wunder,
werden bald vorüber gehen.
Dann kommt der nächste Schritt,
stets Richtung Neuanfang,
durch den Winter in den Frühling
und schon fängt es von vorne an.

Es tut nur weh wenn ich lache

Meine Mundwinkel fixiert,
mit zwei Nadeln unterm Auge,
damit es scheint als würde ich lächeln,
es ist so leichter, wie ich glaube.

ja es tut nur weh wenn ich lache
und es ist egal wie ich es mache,
irgendwann lachen alle mit,
weil heucheln einfach leichter ist.

Widerspruch ich bin also dein bester Freund,

es ist ein Glück das es mich gibt.
Das Beste was dir je passiert ist,
der Hafen an dem dein Schiff anliegt.

Ich bin der Mensch der dich am besten kennt,
der dem du alles sagen kannst.
Meine Freundschaft das einzig wahre,
du vertraust mir voll und ganz.

Ich frage mich wie siehst du mich?
Wie siehst du mich denn wirklich?

Mit mir willst du die Pferde stehlen
Und wir geh´n durch dick und dünn.
Ein Herz und eine Seele,
die für immer unzertrennlich sind.

Meine Freundschaft wirst du büßen,
verfluchen das es mich gibt.
Denn Verrat bezahlt man teuer,
vor allem gegen jene die man liebt.

Ich frage mich wie sahst du mich?

Als du mich verraten hasst mit voller Konsequenz,
mit strafenden Blicken und kalter Schulter mit eiskalter
Ignoranz.

Warum so ernst?

Deine Augen strahlen nicht
Hab dein Lächeln nie gesehen,
hast oft Tränen im Gesicht
und willst mir diese nicht gestehen.
Immer nur mit böser Miene,
gleichgesetzt zum selben Spiel.
Ich verlange gar nicht viel von dir,

doch scheint dieses schon zu viel.
Warum so ernst meine Liebe,
du hast so vieles doch noch nicht gesehen,
wenn man lächelt bei seinen Schritten,
lässt es sich meist viel leichter geh´n.

Immer nur ein böser Blick,
selbst dieser den ganzen Tag.
Dabei hast du diese schönen Augen,
in denen man versinken mag.
Nie geht´s gut, immer nur meckern,
das kann doch nicht alles sein,
nicht nur klotzen auch mal kleckern,
so lässt man ein wenig Freude rein.

Warum so ernst meine Liebe,
es wird noch so viel Gutes dir geschehen,
denn wenn man lächelt bei seinen Schritten,
kann man oft viel weiter gehen.

Ja, ich machs
Heute wird die Welt sich ändern,
denn es kommt nun wie es soll.
Den roten Knopf in meinen Händen,
das Maß ist mehr als voll.

Aber wird es wirklich nutzen?

Trauerweide

Oft mein Schutzschild vor der Welt,
gekrümmt im Wind zum Schutze.
Ruhepol und Herzenshalt,
meinem Seelenheil von Nutze.

Oft die Quelle für mein streben,

dort fühl ich mich nicht allein.
So weise alt und voller Güte,
wird richtunggebend für mich sein.

Zaubert Schattenspiel mir auf die Haut,
filtert Sonnenstrahl heraus.
Ist nicht so traurig wie man glaubt,
sondern Freund Tag ein, Tag aus.

Was soll´s

Immer dieses Ungefühl,
wenn die Uhr sich dreht.
Dieser Albtraum ohne Stopp,
bei Zeit die nicht vergeht.
Diese falschen Fratzen,
nennen sich gar weise,
Besserwissen wollen sie,
Lauthals und doch leise.

Keiner ist so schlau wie sie,
lächelnd unterbewusst.
Ihre Kinder hassen sie,
das haben sie nicht gewusst.
Sollte mal der Zeitgeist eilen,
ist es eh vorbei.
Dann lach ich diese Heuchler aus,
das ist dann einerlei.

So betäubt von dem Getue,
das kann so normal nicht sein,
doch irgendwann ist da auch Ruhe,
denn dann ist man allein.
Ohne Reue wird man dann reden,
Zeug was keinen interessiert,
wird man in der Gruppe sitzend
im Beisein ignoriert.

Gedankengang II

Folglich nickend,
weil du lächelnd,
nicht das hörst,
was ich dir sage.
Mich ignorierst
Und nennst mich Schatz,
die Lüge aller Tage.

Folglich wissend,
weil ich hasse,
das was dir wohl alles ist,
mir wird schlecht bei dem Gedanken,
das dass was du ignorierst,
der Schlussstrich unserer Beziehung ist.

Folglich nickend,
weil du lächelnd,
nicht siehst,
was ich fühle.
Denn so taub,
die Reaktion,
bei verlassen
dieser Lüge.

Lang ist's her

So ein beharrlich guter Tag.
Das Land gefärbt in weiß,
tanzend kleine Flocken,
der Ofen lodernd heiß.

Sitzend in meinem Sessel,

träum ich vor mich hin,
Ich atme tief und freue mich,
weil ich wohl glücklich bin.

Ach so herrlich der Gedanke,
ist dies die Glückseligkeit?
Ich halte den Moment ganz fest,
denn er ist der beste seit langer Zeit.

Pah!

Dein heulen hat dich weit gebracht,
dein ständiges Gezeter.
Andauernd schimpfend auf die Welt,
bist du die Unlust in Person.

Immer biegend und versteckend,
du bist nie da wenn du es sollst.
Kein Verlass, nur Selbstbedacht,
doch auf führender Position.

Große Worte sind nur etwas,
wen man darauf auch bauen kann,
doch deine sind versprochen,
zu schwach und kommen nicht an.

Sonn dich nur in deiner Leistung,
denn sie ist so gar nichts wert.
Voller Bedeutung wie Mülleimer,
nur diese werden ausgeleert.

Krank

Heute hat man´s ihm gesagt,
das mit seinem Körper,
er hat bis Heute nichts geahnt,

er wirkte ernst, verstörter.

Er war nicht mehr so überheblich,
keine Witze über Leiden.
Seufzend, wünschend ungeschehen,
sollte es doch bleiben.

Er kann nicht fassen,
das die Zeit nicht Wunden heilt.
Doch muss er es bedauern,
auch geteilt bleibt ganz sein Leid.

Schwüre

Schwören werd ich vieles
Doch halten werd ich nix.
Täuschen und Schauspielern,
mit den allerbesten Tricks.

Versprechen kann ich alles,
denn es ist nur ein Wortgeflecht,
beträufle es mit Lüge
und Hinterlist ist auch nicht schlecht.

Doch vertrauen werd ich keinem,
denn sie brechen stets mein Herz,
Rachlust ist nur für Träumer
Erst mal wach, erstickt im Schmerz.

Streufeuer

Streufeuer setzen Zeichen,
wie Akne an der Wand,
Lichterschein so glänzend,
setzt Denkmäler in Brand.
Was als wunderbar gedacht,

bringt nun in Streufeuern verderben,
sie glaubten nicht an diesen Tag
und mussten ernüchtert sterben.

M

Sie sagte einst, nein was bin ich treu,
heut legt sie sich die Karten,
auch wenn ich mich mal für sie freu,
flüchtet sie stets in den Garten.
Sie mag ihr Spiel und das ist gut,
sie strahlt mit ihren Worten,
mit Karo, Pik und Herzensblut,
vor Publikum an aller Orten.
???

Gedankengang III

Sind wir ehrlich heut ist nicht aller Tage,
und sieht man hinter sich zurück,
stellt sich diese Frage.
Soll das wirklich alles sein
Ist das nicht oft zu gemein,
hätte ich's richtig machen können,
konnte ich nicht viel mehr gönnen,
musst ich wirklich stets ich sein,
hätte ich es dann anders gemacht?
Nein.

Traumfrau

Ziemlich wortkarg und gar lüstern,
brennt das Feuer deines Herzens,
gehalten weil dort flüsternd,

der Verstand dir widerspricht.

Willst du sie,
dann sprich sie an,
die Seele deiner Träume,
denn ein Lächeln schenkte sie,
dir in diesen schon so oft.

Ziemlich schüchtern und gar zaghaft,
jeder Schritt, sanft auf sie zu.
Wäre nicht das eine flüstern,
was sie nun sieht bist gar nicht du.

Du wolltest sie,
du sprachst sie an,
die Seele deiner Träume,
nur gelächelt hat sie nie,
wenn sie dich sah so oft.

Ziemlich traurig zu verbittert,
gegen Liebe die noch wächst.
Zu Geduld los mein kleiner Träumer,
weil du dich stets selber weckst.

Trauerspiel (Wenn nicht ich dann keiner)

Ja dein Glück liegt mir am Herzen,
dass ich nicht lache, sieht man doch.
Oft gelacht wie soll man scherzen,
mit Schmetterlingen tief im Bauch.

Ich verfluche die eine Liebe,
die die dich zum singen bringt,
diese Freude dieser Rhythmus,
in dem dein nun springt.

Ja dein Glück liegt mir am Herzen,
Dass ich lache sieht man doch,
nur ein Paar Worte versteckt in Scherzen,
eine Woche habt ihr noch.

Ich freu mich nun über deine Liebe,
die die dich zum weinen bringt,
wenn nicht ich dann auch keiner,
flüstere ich als dein Herz zerspringt.

So bekam ich meinen Willen,
meine Liebe die ich suchte,
doch ihre Augen strafen mich,
weil mein Gewissen mich verfluchte.

Eure Mühe
(Versuch)

Ihr habt euch ziemlich angestrengt,
mir Steine in den Weg zu legen.
Kenn keinen der sich so verrenkt,
um auf die Nerven mir zu gehen.

Doch eure Mühe wird nichts nützen,
denn sie ist am Anfang schon erstickt
und wenn ich zum Schluss dann lache,
weil jeder Versuch von euch missglückt.

Das könnte euch so passen
(Wortgewand)

Und ihr redet immer weiter,
der gesamte Tag im Wortgewand,
Eine Lüge thront auf der nächsten,
verflucht so manches Stimmband.

Worte die wie Küsse klingen,
 sind wirklich karg nur ausgesät,
und Sätze die wie Musik erklingen,
sind oft viel zu aufgeregt.

Zuviel reden nichts gesagt,
eine traurige Devise,
doch auch Körper können sprechen,
Körperhaltung, also deute ich diese.

Wortteppich oder Tuch,
sind nun nichts mehr wert,
denn der Körper ist ein Buch,
das die Wahrheit mir beschert.

Es ist nun Zeit
Es ist nun Zeit das Buch zu schließen, die Feder aus der Hand
gelegt.
Wartend auf den neuen Morgen, der müde Knochen nun
bewegt.
Schritt für Schritt geht es nun weiter
und jeder weiss schon wie, mit viel Mut, Aufrichtigkeit,
ein Hauch voll Fantasie.

Auf ein Neues!

Ich bedanke mich bei all denen die mir geholfen haben, die
mich nicht aufgegeben haben und die immer an mich geglaubt
haben. Ich habe mir nun einen Traum erfüllt und Ihr seit alle
Teil davon geworden.

DANKE.

Patric Schmitt

„Von diesem Wort entzückt,

hat er die Augen geschlossen und abgedrückt."

(Aus Danke)

„In der Ferne"
1610091222

„Engel haben eine Gabe,
Sie sind nah wenn du Sie brauchst."

-Patric Schmitt-

-Vorwort-

Das Leben ist schon eine interessante Gelegenheit um zu
wünschen, zu fühlen und zu hoffen. Ich hätte nie gedacht dass
ich jemals wieder zur Feder greifen würde. Meine Seele war
therapiert und mein größter Traum erfüllt. Doch mein Hobby
blieb und verlieh mir die Freude daran mit Euch eine weitere
Reise in eine Welt der Fantasie und Gedichte. Eine neue Welt
nach „Und wenn ich weine..." zu bereisen.
Ich freue mich sehr viele bekannte Gesichter wieder zu sehen

und vor allem neue Freunde begrüßen zu dürfen. Ich hätte dieses Buch auch Überraschung nennen können, denn es überraschte mich sehr dass eines Tages die Ideen nur so über mich herein brachen. Ich fühlte mich ausgeglichen, stand nach dem positiven Gefühlen die Ihre mir übermittelt habt, mit beiden Beinen in einem zufriedenen Leben. Doch ein Spaziergang veränderte den Gedanken sofort. Du wirst wieder schreiben. Du wirst die Feder nicht aus der Hand legen und tatsächlich so ist es gekommen. Wie aber umschreibt man am besten das Gefühl sich noch zufriedener zu fühlen? Glücklich? Ich lade Euch wieder ganz herzlich ein um aus Kraftquellen zu schöpfen, Dinge anders zu sehen, oder Euch einfach in eine Fantasiewelt fallen zu lassen. In eine Fantasiewelt die persönlicher und erwachsener geworden ist als die des großen Bruders „Und wenn ich weine..." Ich wünsche nun viel Spaß beim gedankenverlorenen Schweifen:

In der Ferne

Ob sie liebt?

Meine Küsse will sie nicht,
noch nicht mal meine Nähe.
Kein Lächeln schmückt dann ihr Gesicht,
wenn ich mich nach ihr sehne.
Kein Gefühl geht von ihr aus,
wenn in den Armen ich sie halte. Körperlust ein fremdes Land,
bleibt unentdeckt verhalten.

Ob sie liebt? Das weiß ich nicht,
das wissen nur die Sterne.
Will sie ein Leben ohne mich?
Wenn ´s sie glücklich macht dann gerne.
Bin unsicher, doch nach ihr verrückt. Ich liebe sie von Herzen.
Ihre Kälte ist´s die mich erdrückt, entwickelt sich aus
Schmerzen.

Sie ist mir nah und doch so fern,
ist bei mir nicht so ganz.
Vergangenheit als Schlussstrich
und der verliert den klaren Glanz.

Leiden

Hatte nicht genug gelitten
und hab mich wieder selbst geschnitten. Hab mich im Spiegel
froh gesehen
und musste um Bestrafung flehen.

Ich hasse, hasse, hasse mich, bin so bitter hässlich,
war eine Sekunde lang glücklich
und das geht nun wirklich nicht.

Zauberstab

Ich habe einen Zauberstab,
der wurde mir vermacht.
Ein weiser Mann der Vorbesitzer,
er hatte große Macht.

Was werd ich tun mit dieser Gabe,
dies wertvolle Geschenk.
Zauber Glück oder zerstöre,
ich entscheide und ich lenke.

Kann ich wirklich Frieden schenken, mit der mir gegebenen
Macht,

habe es mich nie getraut
und einem anderen vermacht.

Gut

Bin ich Gut oder bin ich böse,
jeden Tag ein Zwiespalt lacht.
Dann im Bett dem Tag getrotzt,
das hab ich wieder gut gemacht.

Feuerzungen I

Du sprichst in bunten Farben,
erinnerst an den Herbst.
Tanzt am Tag und in der Nacht,
wenn du die Welt ins Schwarze färbst.

Du bringst nur Kummer und Zerstörung,
doch ist Wärmequell für alle.
Brichst du aus als Fahrlässigkeit,
bist du Todesfalle.

Schön bist du anzusehen wenn in der Ferne du lebhaft tanzt.
Doch gebranntes Kind vergisst dich nicht so wird aus
Schönheit Angst.

Dagegen

Egal was du auch sagen willst ich setze was dagegen.
Werde nicht mal ruhen um dir Steine in den Weg zu legen.
Du kannst machen was du willst, dagegen werde ich sein
und um dich endgültig zu untergraben fällt mir bestimmt auch
bald was sein.

In´s Gebet

Bitte, bitte hilf mir in dieser schweren Stunde,

lass mich jetzt nicht allein sonst gehe ich zu Grunde.
Bitte, bitte gib mir mehr Geduld,
lass mich jemand anders sein und vergib mir meine Schuld.

Bitte, bitte mach doch. Das ich den Preis gewinne,
damit es mir bald besser geht vertrau ich in deine Stimme.
Lieber Gott ich glaube nicht,
doch in mancher schweren Zeit,
wenn gar nichts anderes mehr greift. Bin ich zu glauben doch
bereit.

Die meisten Menschen denken,
du bist Notlösung so oft,
nur wenn's schlecht geht und nicht läuft wird auf einmal in
dich gehofft.
Findest du es nicht traurig, dass man dich oft einfach ignoriert?
Also ich an deiner Stelle, wäre ziemlich deprimiert.

Was ich damit sagen will,
ist schlicht und einfach dargelegt,
der Mensch bleibt Egoist und zwar solang bis es nicht mehr
weiter geht.
Bitte verzeih uns diese angeborene Unart,
denn unterm Strich glaubt jeder doch an das Gute an die
Wohltat.

Sei nicht böse, gar verärgert wenn die Leute erst dann rufen,
wenn das Sterbebett sie fesselt und ihr Leben sich verändert.
Geglaubt wird doch in alles,
also in verschiedene Arten.
Doch ich frage dich, was sie von ihrer Art erwarten?

Letztendlich ist es doch dass Eine was sich dort hinter dann
verbirgt,
es ist der Glaube und die Hoffnung
die letztendlich dann den Halt bewirkt.

Anfänger

Ich habe oft gedacht aller Anfang ist schwer,
doch im Anfang spüre ich da kommt einfach nicht mehr.

Soll ich hoffen weiter kämpfen,
gegen die Uhr die ständig schlägt,
wenn die Haare mir ausfallen und mein Alter sich in Zahlen
fort bewegt. Aufgeben das geht nicht,
das kommt seltener in Frage.
Missmut drängelt ewiglich,
mir auf in diesen Tagen.

Die eigentlich und doch
So schön angefangen haben.

Himmelblau

Ich schau dich an, schon Tage lang
und versinke in deinen Augen.
Sie bringen mich dem Himmel nah man sollte es kaum
glauben.
Bitte fessle meinen Blick und erwidre ihn mir ständig.
Durch deinen Blick bekomm ich Flügel und die Engel scheinen
gnädig.

In deinen Augen kann ich tauchen nach Schätzen, Perlen und
Ewigkeit
und nur ein kurzer Augenblick entfernt, in mir die doch oft
triste Wirklichkeit. So versunken in das schönste Himmelblau,
bin ich gerne und sehr oft.
Ich liebe dich, oh meine Frau.
Dich zu finden habe ich nicht mal im Traume erhofft.

Es wäre zu leicht

Es fäll viel zu leicht dich zu hassen, denn dass hast du uns
beigebracht.
Das jemand der so ist wie du, ein jemand der nur Hass entfacht,
am besten gar nicht leben sollte.

Alleine dieser Gedankengang stellt uns auf eine Stufe,
soll ich morden so wie du,
soll mich zerstören was du bist? Nein!

Es wäre viel zu leicht, dich einfach nur zu richten.
Eher soll dich das vernichten
was du dir selber angetan.
Deine Seele soll zerfallen, in tausend kleine Stücke,
verstreut werden durch Kinderlachen, getragen auf eine
Brücke.

Dort sollst du Verweilen, einsam sein, bis in die Ewigkeit.
Der Selbsthass soll dich fressen denn dass ist die Gerechtigkeit

Er hat mir einen Stein geschenkt

Er hat mir einen Stein geschenkt,
ich hab ihn fragend angenommen.
„Ich hoffe sehr" sprach er zu mir „dass er nun Glück dir bringt,
dich gesund hält
und dich zufrieden stimmt."

„Zweifel soll er stets dir nehmen, soll Halt dir geben wenn du
fällst."
„Denn mit Geld kann heute jeder streben, ich will dass du
Charakter dir behältst."

Der Stein, ich trag ihn immer noch, bei mir seit diesem
besonderen Tage, hergeben werde ich ihn nicht mehr ,
dass steht außer Frage.

Was materiell nur ein Stein ist, ist dass was als ehrlichstes
Geschenk mir je auf den Weg mitgegeben worden ist.
Stern(Schnuppe)

Als er dort stand, mit den Blicken in die Ferne.
Stillschweigend und ruhig, zählte er die Sterne.
Doch Gekicher, Augen blitzen. Anwesenheit zerreißt die Ruh.

Nun liegt in der Luft ein Knistern, denn der hellste Stern warst Du.

Ich weiß ihr sucht schon ewig,
diese Bindung zwischen euch.
Doch diese habt ihr schon zerrissen, da kein Stern mehr für euch leucht´. Niemand steht mehr da, zählt Sterne, niemand träumt mehr in die Ferne.
Nie mehr Schweigen, nie mehr Ruh. Die Sterne stehen nicht auf Liebe,
doch sein hellster Stern bleibst Du.

Bettelmann

 Ich breche meine Lanze,
nur für dich mein liebes Kind.
Denn du sollst es wissen,
das nicht alle böse sind.

Sie schimpfen dich laut Hexe,
werfen Dreck dir ins in Gesicht.
Doch mich Bettelmann hier draußen, mich interessiert das wirklich nicht.

Hier bei mir bist du nun sicher,
ich halte fern dir Hass und Spott.
Auch dies schadenfroh´ Gekicher,
sogar Feuer und Schafott.

Liebes Kind du, viel zu jung.
Um Angst und Hass schon zu erfahren. Es zerreißt mein Herz die Erinnerung.
Dir wird nicht dass selbe wie der meinen einst widerfahren.
Denn dafür gebe ich mein Leben.

Drachentöter

Auf der Lauer schon seit Tagen, wartend auf den Augenblick.

Soll der Drache sich doch zeigen,
Stoß´ ich mein Schwert ihm ins Genick.

Auf der Lauer schon seit Wochen, sehnend sehr nach dem
Moment.
Werde ich den Drachen jagen,
das er in meine Falle rennt.

Auf der Lauer nun seit Jahren,
ergab sich nie die Gelegenheit,
einfach am Leben teilzuhaben,
hab sie verschwendet, meine Zeit.

Dann auf der Flucht für nur Sekunden, so war es mir wohl
zugedacht,
hat dann der Drache mich gefunden
und den Gar mir ausgemacht.

Sündenbock

Sie hat ihm so oft verziehen,
wenn er mit ner anderen schlief
und gab sich dann auch noch die Schuld dass die Ehe aus dem
Ruder lief.

Mit Geduld und Rücksichtnahme hatte sie es stets versucht
und war er bei ner anderen Dame,
hat sie sich stets dafür verflucht.

Auf dem Kinderbett allein,
hätte sie es ahnen müssen.
 Der Kindesvater ist nicht da,
der ist gerade wo anders küssen.

So verstrichen dann die Jahre,
mit ihnen die Geduld,
erschoss sie dann den Ehemann,
ihr Kinde ohne Halt allein und zahlt die Schuld.

Orchidee

So weiß wie Schnee, deine Form, deine Farbe für Leidenschaft
sie steh´n . Bist Ausdruck für die Lust, wilder Sinnlichkeit
ertränkst die Reue und den Frust, in deinem reinen Blütenkleid.
Oh. Orchidee so weiß wie der Schnee deine Form, deine
Farben für die Leidenschaft sie stehen.

Ach, die Liebe

Verlobt ist nun das Treuepfand,
was die Liebe hat gegeben.
Weg beschreiten Hand in Hand, gestaltend nun zwei Leben.

Versprochen ist die Treue,
verläuft nun in zwei Ringen.
Alle werden sich mit euch freuen
und euch helfen bei den Dingen.
(Die vielleicht den Weg blockieren.)

Die Liebe sie verzaubert,
das können alle fühlen.
Hat Versprechen sich ergaunert,
was ohne nie geschehen.

Wir freuen uns für beide,
denn das Glück hält Einzug nun.
Ihr seid wirklich zu beneiden,
denn gemeinsam werdet ihr das tun…

…was vielen wieder Hoffnung in die Ewigkeit gibt.

Die Guten (Anne und Marcus)

Ihr habt wirklich Mut und das nach kurzer Zeit.
Liebt so ehrlich und das tut gut, versprochen schon die
Hochzeit.

Ringe tauschend Richtung Zukunft,
dass ist die Liebe wert,
gebt euch gegenseitig Zuflucht und
das ist so beneidenswert.

Nach kurzer Zeit habt ihr erkannt,
dass zusammen ihr gehört.
Was als Verlobung nun benannt,
in eure gemeinsame Zukunft führt.

Als Frau hast du erkannt,
er ist der richtige Mann,
der umsorgen und dich lieben,
für dich Opfer bringen kann.

Als Mann hast du erkannt,
sie ist die richtige Frau für dich.
Sie hört dir zu, sie tröstet, pflegt,
vor allem aber liebt sie dich.

Eure Pfade mögen führen, immer weiter in Glückseligkeit,
denn wir können kaum erwarten,
einen Bräutigam und eine Braut im Kleid.

Auch wir schwören euch die Treue,
für das was ihr euch aufgebaut. Besiegelt wird das
Versprechen,
wenn Mann küsst dann seine Braut.

Als Rückhalt wollen wir streben, dem Glück was euch berührt.
Uns, der Familie wird nun gegeben,
was mit euch in eine Zukunft führt.

Die einen gewinnen eine Tochter,

die anderen einen Sohn.
Die Liebe bereitet den Weg für euch
und das ist unser schönster Lohn.

Perfekt

Ich traure jetzt schon um das Jahr,
was mir soviel hat beschert.
Bin ich ehrlich, finde ich,
es ist mehr fast als ich wert.

Dieses Jahr es war perfekt, mit all seinen schönen Tagen,
hat es Träume neu geweckt die mich in die Welt bald tragen.

Ich traure jetzt schon um das Jahr, was auf meiner Seite war.
Die Monate haben mir das vertieft,
was tief in mir, meiner Seele schlief.

Das Jahr es war perfekt, mit all den schönen Tagen,
hat die Neugier in mir geweckt und ich werde mich mit Freude
in das nächste wagen.

Schmetterling

Du bist das Sinnbild der Natur, Ja. Schwebst so sorglos in der
Zeit, trägst Ruhe in den Flügeln, machst uns für vieles mehr
bereit. Wie du tanzt dort an den Sträuchern, dass mache dir erst
mal einer nach. Unbefangen und so frei, ich weine dir eine
Träne nach. Schmetterling, oh, Schmetterling ich wünschte mir
ich wäre du, so grazil und so unbeschwert, so wäre ich gern,
ich gebe es zu.

Tränen

Wenn Tränen ihre Bahnen ziehen sind sie nicht immer zu
verstehen.

Mal aus Angst, mal aus Kummer.
Mal vor Freude gar Herzenshunger.

Wenn die Quelle dem Auge entsprungen,
erkennt man doch Gefühlsregungen. Sie sind ehrlich und so
klar, sieht man sie ist man dem Herz ganz nah.

Oft befreiend für die Seele,
wenn sanft kullert es in die Leere.
Sind sie doch Befreiungsschlag,
für Enttäuschung oder schlechten Tag.

Sind sie erst mal ausgeweint
und die Sonne wieder scheint.
Sollte man doch die Zeit sich nehmen, manche Träne noch mal
überlegen.

War sie nötig und weswegen?

Flucht

Lauf ganz schnell, dreh dich nicht um. Ein jeder würde es so
tun.
Denn die Zweifel sind ganz nah,
sie legen oft die Wahrheit dar.

Lauf immer schneller und bleib nicht stehen,
ein jeder wird es dann verstehen.

Die Überschätzung ist ein Sprinter,
die Übermut ein Gleichgesinnter.
Auf den Hürden deines Lebens,
ist zu fliehen eh vergebens.

Drum lauf nicht weiter,
bleib ganz plötzlich stehen.
Ein jeder wird dann, ganz erstaunt,
dir plötzlich in die Augen sehen.

Stille

Ein Schweigen kann oft mehr sein,
als einfach nur Stille.
Kann Schulterklopfen auch bedeuten,
oder es sei dein Wille.

Die Ruhe, die, die Stille nährt.
Ist zum Luftholen oft gedacht,
nutzt man den Moment,
wird's einfacher dir dann gemacht. Denn nur ein Wort von dir,
zerbricht die Stille Mauer.
Ist dieses weise ausgewählt, zerschneidet es die Stille dann auf
Dauer.

Großvater

Ich durfte es erleben,
dieses wundervolle Leben.
Voller Güte, weiser Worte.
Die wärmende Hand an kaltem Orte.

Hat gezeigt wie reich man ist,
wenn man das was man hat genießt. Keinen Neid, kein böser
Wunsch
und das hält dich im Herzen uns.

Liebevoll gemacht, getan, pflichtbewusst wie wir dich sah´n.
Strebsam lebend, dein großes Leben (geliebt und auch
vermisst) von deinen Kindern, ach, von jedem.

Deinen Spuren werden folgen,
jene die dir ähnlich sind
und mit Stolz wird man erzählen.
Ja das war mein Vorbild, Kind.

Feuerzungen II

Feuerzungen sprechen aus,
was sie fühlen was sie denken.
Ihre Funken treiben aus,
was andere in falschen Worten schenken.

Feuerzungen sind verletzend,
wenn man Wahrheit nicht ertragen kann.
Sind ziemlich scharf und auch mal ätzend,
aber man auf diesen Worten bauen kann.

Feuerzungen sagen dass,
was jeder von uns denkt.
Und ein mancher hofft und wünscht „wäre ich mit dieser Gabe
nur beschenkt.

Tränenreich

Aus den Perlen aller Augen,
thront es dort am Tränenmeer
und oben auf den Türmen,
sehnt sich die Herrin tränenleer.

Für Wärme ist kein Platz,
in ihrem Tränenreich.
Die wie Glas schimmernden Mauern, bleiben von Gefühlen
unerreicht.

Die Gemäuer wie Kristall,
aus Tränen erbaut und kalt wie Eis.
Jede Hoffnung fiel als Träne,
Wünsche rosten, sind vergreist.

Die Herrin der Perlentürme hofft,
sie betet und sie fleht.

Das doch irgendwann die Liebe kommt und in Ihr Reich dann Einzug erhält.

(So erkrankt ist die Erkenntnis über einen nicht erwiderten Blick.)

Randnotiz: Wie Ihr seht drehen sich die meisten Gedanken immer noch um die facettenreiche Welt der Liebe. Man hat mich einmal gefragt, wie ich meine Zeilen am besten zusammenfassen würde. Ich muss sagen ich habe lange überlegt und bin doch zu der Erkenntnis gekommen dass meine Zeilen gut umschrieben sind mit: trauriger Romantik.
Aber ist das Thema mit der Trauer und Sehnsucht nicht ziemlich schnell erschöpft? Was meint Ihr? Ich sage ja, die Liebe und die daraus resultierenden Gefühle, sind so reich an Abwechslung und Eigensinn, dass man noch unendlich an den Gedanken daraus zehren kann. Es ist viel passiert nach „Und wenn ich weine...". Meine kleine Schwester hat sich verlobt und ich muss feststellen das ich mich häufiger bei dem Gedanken erwische, das ich langsam aber sich älter werde. Meine jüngere Schwester wird nun bald die große weite Welt bereisen und Amerika unsicher machen. Wie gesagt ich stehe mittlerweile in einem absoluten zufrieden stellenden Leben. Heute ist der 09.02.2009 und ich habe gestern erfahren das ich Vater werde und das mit einer Frau die nicht perfekter für mich sein könnte. Klar, habe ich Angst vor dem ungewissen. Aber trotzdem fühle ich im Herzen eine Freude, die mich mit Zuversicht beschenkt. Ich weiß es liegt ab jetzt eine schwere Zeit vor mir. Doch ich fühle mich ihr gewachsen.

So schön

Die Tage wollen nun mit Getöse,
hinaus marschieren in die Welt.
Blumen sehen, Sterne zählen,
Schnee sehen der zu Boden fällt.

Sie wollen sich am Herbst betrinken,
an dessen herrlich´ Farben satt.
Den Sommer schmecken, der so süß schmeckt,
in einer sehr belebten Stadt.
Den Winter will´s mit Füßen treten.
Nur als Abdruck in den Schnee
und sich erfreuen an dem Frühling.
Der warmen Wind uns entgegen weht.

Seht her

Wollt ihr sehen was ich hier mache? Dann dreht euch schnell
zu mir.
Ich bring Gekicher und Gelache Euch, ihm und ihr. Ich male
Bilder mit meinen Worten, denn diese sind für euch gemacht.
So zufrieden ist mein Herz wenn euch mein tun glücklicher
macht. Ich schreibe dir und ihm und ihr. Die schönsten Verse
und Geschichten. Erzähl von Dingen die uns freuen und will
davon berichten. Seht her was ich hier mache, ich mache das
zur Freud, denn wenn ich nicht weiter mache, hätte ich mich
selbst bereut.
Drum schaut jetzt mal genauer hin und sprecht den Vers ganz
laut. Ich bin glücklich wie ein Kind, das aus Wolken Schlösser
baut.

Schritt nach vorn

Ich darf den Schritt nicht gehen,
er zerreißt mir meine Luft.
So traurig will ich doch nicht sein. Doch ein Lächeln bleibt
ganz unversucht.

Ich will diesen Schritt nicht gehen,
er bricht mir schlicht weg das Genick.
Ich darf nur nicht nach unten sehen
und mir darf passieren kein Missgeschick.

Ich muss die Gedanken ignorieren,
die laut rufen, ich soll´s tun.
Muss den Kopf ganz schnell klar kriegen,
darf auch jetzt nichts dummes tun.

Nur einen Schritt zurück,
bringt mich der Sache fern,
doch es ist so schwer getan.
Ich biege und ich kämpfe,
ach, ich würde es so gern.

Brücke

Hier oben ist es wunderschön,
man kann die ganze Welt ansehen.
Ich bin so gerne nah am Himmel,
denn dort stört niemand meine Stimme.

Vollgas

Heute pack ich meine Kleine
und fahre mit ihr dann raus ins grüne. Ein bisschen durch die
Gegend fahren und ein Paar Manöver im Auto wagen.

Das Gaspedal wird ausprobiert,
das Auto wird hier kontrolliert.
Hab alles fest im Griff.
Doch dann ging etwas schief.

Im Rausche der Geschwindigkeit,
war mein Bremsweg viel zu weit.
Ein Baum bremste meine Reise,
verlor meine Liebe auf diese Weise.

Seit dem fahr ich kein Auto mehr,
meine Schuld, sie erdrückt mich viel zu sehr.

Kobold

Dieser Kobold ist ein übler,
hat Unfug nur im Sinn.
Versteckt oft Dinge und sät Unruh, dreht sonst so manches
krumme Ding.

Mit seiner spitzen Nase sieht er fast aus wie ne Hexe,
doch sage ich dass nie, weil ich ihn damit verletze.
Er ist so frech Tag ein, Tag aus.
Man braucht schon viel Geduld.
Man gewöhnt sich trotzdem schnell daran,
an so einen frechen Unhold.

Enge(l)

Er hatte dieses Licht gesehen,
es hielt ihn oft schon wach.
Hat es dann auch schon ignoriert,
doch nun gibt er der Neugier nach.

Da geht doch jemand mit einer Kerze, durch die Hallen jede
Nacht.
Doch als er sehen wollte was da war,
ist einfach nichts mehr da.

Komisch ist das mit den Räumen,
sie bringen gefühlte Enge.
Lauscht man genau in sie hinein erklingen leis´ Gesänge.

Angst drückt ihm nun auf die Brust, seine Beine ergeben sich.
Dort kommt nun etwas auf ihn zu,
er schützt schnell sein Gesicht.

Dann steht vor ihm ein Engel
und bringt ein Gefühl von Freude tief in ihn hinein.
 Er scheint in Gold, wirft so wertvolle Schatten und lässt denn
Mann bereichert von diesem Moment gar sein.

Als am nächsten Morgen er dem Leben frönen wollte,
so reich an neuem Wunder.
Blieben ihm die Menschen fern
und begegneten ihm nur ungern.

Man sagte sich über ihn, er wäre über Nacht verrückt
geworden.

Aufstand

Auf dem Throne feiern sich die edlen, feinen Herren.
Unbedacht dem Volk im Dreck welches sie hinter die Tore
sperren.
Keine Armut, keine Krankheit, wird von blauem Blut gesehen.
Kein Kinderhunger oder weinen wird je in ihren Ohren flehen.

Doch es bebt sich es erhebt sich eine Unruhe vor den Mauern,
ein Tosen und ein Flüstern angespannt wie Lauern.
Langsam bricht der Kummer sich, den Weg in die hoheitlichen
Gemächer. Zerschlägt den Stolz mit einem Dolch wickelt den
Rest davon in Tüchern.

Randnotiz Heute schreiben wir den 23.02.2009, ja es hat sich
bestätigt ich und meine Prinzessin wir werden Eltern. Ein
interessanter Schritt wenn man bedenkt dass wir noch nicht
mal ein Jahr zusammen sind. Aber ich bin ehrlich, was soll´s
wir fühlen uns wohl und freuen uns sehr über unser
„Würmchen". Ich bin sehr erstaunt über die Veränderung die
von dem einen auf den anderen Tag stattgefunden hat. Mein
Schatz wird launischer, müder und verhält sich emotionaler.
Genau wie ich, ich komme kaum noch zum schreiben; nicht
das ich nicht die Zeit finden würde (die hätte ich im Moment
mehr wie genug da meine Mäuse sehr viel schlafen) nein; mir
fehlt die Inspiration. Auch komisch es steht ein so emotionales
Ereignis an und mir fehlen die passenden Worte.
Wir sind nun in der 12. Woche schwanger und dem Kind geht
es gut, alles entwickelt sich so wie es soll und das sehr schnell.

Ich kann es im Moment kaum erwarten Vater zu werden,
obwohl ich zwischendurch arge Zweifel hege, aber das scheint
normal zu sein.

Vagabund

Streuner haben sie gesagt
und bewarfen mich mit Steinen,
das mein Herz so Schaden nimmt,
dies interessiert wohl keinen.

Beschimpfungen und Spott,
man gewöhnt sich fast an alles.
Sieh mich an Oh Gott,
dein großes Geschenk mich bestraft es.

Es wird so kalt mir um mein Herz, Tränen bitter so wie Steine,
so schön die Wunder die du schufst, denn diese sehen mich
Nächtens weinen.

Sei nicht traurig so wie ich,
denn es lässt die Farben uns vergehen. Irgendwann, ja Morgens
dann muss ich nicht mehr weiterziehen.

Ich will doch leben wie ihr alle,
doch ist es mir nicht zugedacht
und ein Rückrad hab ich nur damit der Mond mir darauf lacht.

Es wird mir oft so kalt das Herz es erfriert mir meine Venen,
auf dem Boden wärmt mich bald, selbst die Sonne ganz
vergebens.

Unruhestifter

Du bist ein Heuchler und ein Lügner, säst Unruhe in Mengen.
Störst den Frieden anderer,
willst ständig nur bedrängen.

Siehst du nicht die Kinderaugen die Vater dich doch nennen.
Soll das etwa alles sein was die lieben von dir kennen.
So bitter, ganz verwirrt frisst die Zeit dich langsam auf
und vernachlässigst dein Leben,
selbst das nimmst du in Kauf.

Komisch ist das Hobby was dir wohl Genüge bringt.
Doch glaub mir der Tag wird kommen, dass dir die eigene
Familie nur noch aus der Ferne winkt.

Dann hast du das erreicht,
was viele von uns fürchten,
 du hast dich schlicht zum Narr gemacht und ich werde davon
berichten.

Sonnenschein

Schon seit Tagen schneidet sich,
wie ein Schwert aus Licht,
die liebe Sonne sich den Weg durch das Dickicht.
Dort wo satte Farben wuchsen, verblasst der Glanz,
(brennt leise.)
Die einst so großen starken Wälder, glimmen aus in Asche,
getaucht im gleißend weiß.

Soviel Sonne ohne Regen bringt gewisse Not,
es sterben Bäume und die Tiere finden so den Tod.

Es bricht der Boden, lange Risse.
Dort wo einst das Brot geboren.
Unter Sonne, blauem Himmel ging die Ernte uns verloren.

Dieser Durst, er brennt wie Feuer

und dieses schon so lange,
stellt euch das einmal vor,
mir wird davon ganz angst und bange.

Ungewiss

So Ungewiss ist der Zeitplan,
der jedem von uns zugeteilt.
Versucht man stets das Beste daraus zu machen,
die letzte Sekunde ist vereilt.

Jeder weiß wann man beginnt,
die Stunden abzuzählen,
doch Ungewiss bleibt stets der Tag,
der Zeitpunkt des Ablebens.

Was ich tun würde wenn ich wüsste, dass meine Stündlein hat
geschlagen? Wahnsinnig würde ich werden,
denn ich könnte es dies zu wissen einfach nicht ertragen!

Vielleicht

Ich halte dich in meinen Händen,
dieser Moment er scheint zu tanzen. Freude zaubert uns das
Lächeln,
was uns fehlt zum Ganzen.

So vorsichtig die Berührung,
so schüchtern der Blick in deine Augen. Du bist so schön wie
deine Mutter,
ich kann es noch nicht glauben.

Dein kleines Herz beschenkt uns so reichlich und berührt die
Seelen die eh verliebt.
Du bist der Inhalt unseres Lebens
und wir sind froh dass es dich gibt.

Vielleicht bist du die Lösung für viele aller Rätsel.

Bist Pionier oder gar Ursprung,
einer besseren Zeit und Welt.
Du lebst Zuversicht und Segen.

Mein liebes Kind das wünschen wir dir von Herzen.

(Wir lieben Dich. Mama und Papa)

Deine Angst(Stern)

Der Stern trug deinen Namen,
der in meine Welt einschlug. Erschütterte die Mauer die so manche,
Leiden und Lasten ertrug.

Der Stern er war aus Gold,
zerfloss in sich beim Aufprall.
Auf einmal war es Nacht,
es zerbrach die Stille in einem Knall.

Der Stern trug deinen Namen
und traf mich in die Brust.
Als sich der Schuss löste stand ich vor dir.

(Nur du hast es nicht gewusst.)

Kugel

Wunderschöner Sternenglanz, eingefangen in einer Kugel.
Die dort ruht am Weihnachtsbaum,
in ihr spiegelt sich der Trubel.

Große Kinderaugen und Kerzenheere, Glöckchen klingen leise,
Tannenduft. Geschenke raschelnd die Freude schenken,
Gebäckgeruch durchstreift die Luft.

Draußen tummeln sich die Tänzer, schwebend weiße
Harmonie. Neugierige Blicke durch die Fenster,
so bedächtig liegt des Winters Spiel.

Die Hände wärmend nun an Tassen, gefüllt mit Glühwein, mit
Kakao.
Werfe einen zufriedenen Blick zur Kugel,
aus der es nun wohlwollend auch zu mir nun schaut.

Stressvergessen und langsam müde. Kerzen gelöscht man
kommt zur Ruh. Alles eingefangen in einer Kugel,
mit schönem Sternenglanz dazu.

Wenn die Stille eingekehrt und schaut hinaus dann in den
Garten.
Atmet man glücklich tief ein und aus. Ich wünsche fröhliche
Weihnachten.

Spiegel

Ich muss viel schöner werden.
Ich weiß ich bin zu dick!
Habe zwar starke Magenkrämpfe,
doch kotzen macht mich chic.
Das ist ein wirklich krankes Ziel,
es zerstört nicht nur von Innen.
So sind halt die Regeln diesen Spiels, doch so werde ich nicht
gewinnen.

Man beschwört mich. Bittet gar,
du darfst dich nicht zerstören.
Doch mein Spiegelbild befiehlt!
Und so darf ich nicht aufhören.

Mein Spiegelbild ist zittrig,
sieht mich angewidert an.
So muss ich weiter hungern,

noch vier, fünf Kilogramm.

Jahrestage

Jedes Jahr an diesem Tage,
da kommt sie ihn besuchen.
Stets bemüht die Etikette,
das Scheinheil zu versuchen.

Jeder weiß dass sie sich hassten,
dass war noch nie so ein Geheimnis. Doch man kann bis heute
nicht fassen, dass sie ihn aus dem Fenster stieß.

Man konnte nie beweisen,
dass sie ihm dann ein Ende setzte,
eine Blume grüßt nun stets am Grabe, eine von vielen und nicht
die letzte.

 Ja, sie hat´s erneut getan, hat man so vermutet.
Mann Nummer zwei ist Morgen dran, denn er ist im letzten
Jahr verblutet.

Zeitlos

Langsam graut es Vater Himmel,
die Sonne ruht sich aus.
Perlen reisen nun zur Erde
und küssen jedes Haus.

Der Asphalt wird nun bereinigt von den letzten Wochen.
Von den Spuren die sich bahnten zu den Zielen, wie
besprochen.

Die Luft reinigt sich selber
und wirkt ein wenig nass.
Trübe zieht der Tag ins Land,
ihm geht es nicht gut, wirkt blass.

Sind die Tage krank geworden?
Weil sie uns ertragen?
Die Stunden wirken auch gekränkt
und ich trau mich nicht zu fragen.

Auch kein Zauber ist zu spüren,
des Abends bei der Dämmerung.
Zeitlos ist es betrüben nun
und dieses viel zu jung.

Sieht man in den Spiegel,
der ganz schwach am Boden liegt. Fängt man selbst fast an zu
weinen, fühlt sich Zeitlos ungeliebt.

Antrieb

Mit einem Ruck wird das geweckt,
was eben noch in sich ruhte.
Und im Takt stellt sich langsam ein, getrieben von seinem
Blute.
Es füllen langsam sich die Lungen, Atemberaubender
Kreislauf.

Augenaufschlag viel zu hell,
nimmt das Leben seinen Lauf.
Ganz ruhig und bedächtig,
stabilisiert sich das Gerüst,
welches noch so arm an Tagen,
von der Mutter wach geküsst.

Ruine (Gedankengang)

Ausgebrannt steht es da als Erinnerung einer besseren Zeit, was
es mal war weiß man nicht, doch gibt es den Leuten hier
Hoffnung. Oft sieht man die Dorfältesten daran lehnen und
ruhen, sie sammeln Kraft sagen sie. Es ist ein Ort der Ruhe gar

keine Frage. Diese Ruine steht hier oft im Mittelpunkt. Wie gesagt niemand kann sich daran erinnern was sie einst gewesen sein könnte. Ausschlag gebend ist letztendlich nur das die Leute darin hoffen, sie bauen ihre Zuversicht auf eine alte Ruine, ein altes zerstörtes Monument aus Stein, welches wahrscheinlich viele Geschichte erzählen könnte wenn die Mauern reden würden.

Wasser

Schattenwerfen kann auch Wasser, wenn es über uns
zusammenbricht. Boote, Schiffe und auch Städte,
wurden so schon ausgelöscht.

Lebensquell wird es benannt, Todbringer eher selten.
Weder die Definition Gut noch böse für dieses Element gelten.

Wenn man in die Wellen schaut
die unter der Sonne glänzen,
vergisst man schnell mal die Gefahr
und neigt sie zu unterschätzen.

Familienbande

 Familie ist was schönes,
man freut sich stets aufs Fest.
Doch Lächelnd ist man auch,
wenn Familie uns dann verlässt.

Beeinflussen kann ich

Ich zeige dir ganz genau,
wie das Leben wirklich ist.
Es macht die stärksten Pferde scheu,
sag ich als Optimist.

keine Angst es gibt kein Problem,
wenn ich dir offen dies sage.
Ein Bild machen kannst du dir nur selbst,
und das an jedem Tage.

Beeinflussen kann ich,
bei dir lasse ich es sein.
Vielleicht kann meine Hölle,
schönstes Paradies dir sein.

In der Ferne

In der Ferne zeichnet sich,
etwas Unheilbares.
eine Wolke geformt als Pilz.
So etwas Grausames.

Veranlasst durch den Streit.
Durch diverse Fronten.
Ein Unheil was wohl abgewandt,
wenn sie es hätten wollen.

Lass uns nicht so untergehen,
das hat niemand so verdient.
So etwas macht man doch nicht,
dass hat sich nie geziemt.

Ich hatte Angst um meine Kinder
und ich habe sie belogen,
denn als das Feuer uns dann traf,
hatten wir eh verloren.

Oh, Ihr Mächte, hört ihr mich?
Denn was ihr veranlasst tötet mich.
Die Schatten die beim Namen noch genannt,
sind nun in Asphalt gebrannt.

In der Ferne brennt ein Pilz,
am Horizont zerbricht das Leben.
Oh Gott was haben wir getan,
um es zu erlauben dieses streben.

Nach atomarer Macht.

Schauspieler

Genau so wie vor langer Zeit,
irrst du weiter nun umher.
Voll Selbstmitleid und Wut im Bauch,
machst du dir dein Leben schwer.

Ich dachte erst du lernst aus Fehlern,
hab dich wohl überschätzt.
Deine Arroganz so scharf,
hat mich mit Enttäuschung schwer verletzt.

Deine Tränen bleiben Schutzschild
und ein ewiges Schauspiel.
Abwendend tobt nun mein Applaus,
denn was zuviel ist, ist zuviel.

Spiel nur weiter diese Rolle,
du schenkst ihr ja sehr viel Geschick.
Doch pass gut auf den auch diese Rolle,
bricht am Ende dein Genick.

Helden

Wir brauchen keine Streitmacht,
wir brauchen keine Macht.
Wir brauchen keine Superkräfte,
keinen Schutz durch die Nacht.

Wir brauchen keinen Umhang,
der im Winde um uns weht.
Unser Wort es wird zum Heldentum,
was die ganze Welt versteht

Wir brauchen keine Masken,
nicht mal bösen Blick.
Wir brauchen nicht mal Glück,
nicht mal einen Augenblick.

Wir brauchen keinen Grund,
keinen Trug und Schein.
Ein jeder hier um mich,
wird ein Held für andere sein.

Haltet es für übertrieben,
doch ein Held der steckt in jedem
und wenn ich mich hier so umsehe´
bin ich von vielen schon umgeben.

Mein Schiff

Ein stolzes Schiff hab ich gebaut,
es wird getragen von zwölf Masten.
365 Kabinen hat es auch,
worin die Matrosen rasten.
52 Wochen hat es gebraucht,
diese Pracht von Schiff zu bauen.
Am letzten Tag und zur ersten Nacht,
da sticht mein Schiff in See.
Leb wohl mein Schiff „Mein Jahr",
es war schön mit dir, Ade.

Prüfungsangst

Ja Morgen ist wieder so ein Tag,
an den ich Heut nicht denken mag.
Gestern war er mir noch fern

und im Übermorgen wäre ich jetzt so gern.

Eine Prüfung stellt sich vor mich,
ich bin nervös, gestresst und nachdenklich.
Ich bin zwar gern ein Optimist,
doch dieser gilt seit Heute als vermisst.

Ja, im Vorgestern wäre ich gern,
dann wäre mir diese Prüfung noch ganz fern.
Ich weiß man wird mich stützen,
sollten meine Mühen Morgen nichts nützen.

Randnotiz Die kommenden Zeilen sind meine absolut anfänglichen Versuche mich mit meinen Gefühlen auseinanderzusetzen. Sie wirken auf den ersten Blick sehr aggressiv bzw. sehr verzweifelt. Doch ich habe mir gedacht diese Zeilen waren schließlich der Grundpfeiler für meine Gedichte und es wäre zu Schade euch diese vorzuenthalten. Sie kommen sehr brutal und ungeschliffen rüber und werden wahrscheinlich im ersten Moment eher erschrecken. Aber lassen sie sich von mir erklären das diese Texte (z.B. Idiot) der reinen Fantasie entsprungen sind und nichts mit einer seelischen Aggressivität gegenüber Mitmenschen oder anderen Lebewesen hat, eher soll es in diesem Zusammenhang dazu dienen solche Vorfälle wieder ins Gedächtnis zu rufen und achtsam auf sein Umfeld zu reagieren, denn es gibt dort genug was unsere Hilfe in Anspruch nehmen wünscht.

Gottes Wille

Ein Netz aus Lügen von Menschenhand gespannt.
Intellektuelle Frauen als Hexen verbrannt.
Reichem Volk durch Gold die Sünden genommen
und alles als Gottes Wille vernommen.

Die Lüge bahnte sich so ihren Weg, Bestraft das Reine so hart
es nur geht. Nimmt dem Guten die Hoffnung, das ganze Glück.

Bringt es dem Unrecht auf einem Silbertablett zurück.

Weise Mütter als Teufelin gequält,
den Blinden nur von der Hölle erzählt. Den reichen oft Gaben
gebracht, während der Gläubige verhungert in kalter Nacht.

Kinder mit Hieben Gottes Liebe gelehrt, viele in den Straßen
dann vegetiert.
Die Frau so oft als Sklavin erkoren,
ist die Kirche wirklich im Paradies geboren?

Idiot

Die Wut sie ist vergänglich
und Hass unkontrolliert.
Ich warte in der Ruhe.
Auf der Lauer kalkuliert.

Ich bin der Wolf im Schafspelz,
die Zeit ist unrelevant.
Im Augenblick des Friedens,
werde ich Monster bald genannt.

Ich bin berechnend,
meine Kraft ist die Geduld.
Ich plane so bahnbrechend,
das Ende? Meine Schuld.

Die Wut sie ist vergänglich,
der Hass unkontrolliert.
Ich stehe hier im Dunkeln,
bald seht ihr was passiert.

Ein Mann hat mich oft angefasst, Mitschüler haben mich
gehasst,
meine Seele dies nie verstehen.
So wählte ich die feigste Art

und werde Amoklaufen gehen.

Dann werden alle rufen,
es musste ja so kommen.
Viele Kläger und dann Richter.
Die Feigheit hat das Leben mir genommen.

Die Wut sie ist vergänglich,
genau so schnell wie ich,
Doch der Hass nun kontrolliert, gerichtet gegen mich.

Hier im Dreck

Meine Flügel gebrochen. Lasst mich einfach liegen. Das Böse
scheint über das Gute bald zu siegen. Lasst mich sterben hier
im Dreck. Geht endlich weiter, seht einfach wie immer weg.
Eure Welt kann kein Engel mehr ertragen. Wird die Welt dann
brechen werden sie nach den Engeln wieder fragen. Aber es sei
euch gesagt, dass Engel mit gebrochenen Flügeln es leid sind,
eure ständigen Lügen. Lasst mich sterben hier im Dreck. Geht
weiter und seht wie immer weg.

(Randnotiz) Kommen wir nun wieder zu meiner aktuellen
Schaffensphase. Es gibt Tage, an denen man nur so vor Ideen
strotzt. Allerdings gibt es auch Phasen an dem man nicht ein
Gedicht im Laufe von Wochen schreiben kann. Man blockiert.
Wem geht es nicht so, man hat gute und schlechte Tage und
jeder geht ganz anders damit um.

Schwarzmalerei

Streut die Sehnsucht erst mal Kummer,
fühlt man sich oft eingeengt.
Man kennt weder Durst noch Hunger,
und ist im Geiste eingeschränkt.

Das ist wohl ein Witz?
Besingen mich weise Stimmen.
Doch ein liebliches Antlitz,
wird im Sturm ein Herz gewinnen.

Wer in Irrtümer sich vertraut,
dem will ich hier versprechen,
wer an die wahre Liebe glaubt,
wird auf der Suche nach ihr zerbrechen.

Hoffnungsvolle sind bestimmt,
ach, ganz andere süße Zeilen.
Doch wenn mein Gedanke daraus stimmt,
wird das Glück uns eh langweilen.

Gedankenverloren

Ich erinnere mich nicht an den Morgengruß,
auch nicht an unseren Abschiedskuss.
Fahre ich Auto? Oder doch Bus?
Keine Lieblingsstelle mehr am Fluss.
Auch wenn ich mit den Füßen im Wasser stehe,
keine Erinnerungen in mir vorüberziehen.
"Das hast du immer so gern getan."
Sagt sie, und fängt zu weinen an.

Bilder aus vertrauten Tagen,
die mir heute nichts mehr sagen.
Auch viele Freunde soll ich haben
und ich kenn nicht mal ihre Namen.

Wer ich bin? Dass weiss ich nicht.
Zu viele Tränen benetzen dein Gesicht.
Auch wenn die Trennung für dich das Beste ist,
bleibt doch verloren nun. Mein Gedächtnis.

Spielkind Auch in schlechter Position,
denkt man sich, dass schaff ich schon.
Auch wenn sie vor mir Wetten stehlen,
ich werde meine Karten pflegen.

Wenn man so in Eifer ist,
man so schnell die Zeit um sich vergisst.
Wenn dann der Pot zum Joker kommt,
hat sich der Zeitaufwand gelohnt.

Ich wünschte

Ich wünschte ich wäre König,
in meinem kleinen Reich.
So groß und unantastbar,
fast einem Gotte gleich.

Ich wünschte mir ich wäre reich,
überhäuft mit Gold und Scheinen.
Scheinheilig und sehr beliebt,
keinen Grund mehr um zu weinen.

Ich wünschte mir ich wäre so,
dass keine Krankheit mich befiele.
Kerngesund und Fit dabei,
erreichend alle Ziele.

Doch was mit mir passieren würde,
wenn ich keine Wünsche hätte?
Das Leben hätte kaum den Sinn
um sich zu quälen aus dem Bette.

Nachtblind

Wie soll man das beschönigen,
was durch Optimismus schon in Trümmern liegt.
Der Wind zerrüttelt und zerreißt.

Die Scherben bald zusammengefegt.
Draußen ist es so kalt geworden.
Es brechen Äste von Bäumen,
Blätter zertreten auf dem Boden.
Es bleiben gelebte verwegene Träume.

Kein Blick mehr zu den Sternen,
der Himmel versteckt sich vor dem Auge.
Ich weiß es auch nicht, dort in der Ferne.
Sollte ich wohl an das Nahe glauben.

Zeitlos

Langsam graut der Vater Himmel,
die Sonne ruht sich aus.
Perlen fallen still zur Erde
und küssen jedes Haus.
Nun wird der Asphalt gereinigt.
Von der letzten Woche.
Von den Spuren die sich bahnten,
von den Zielen die besprochen.

Die Luft sie reinigt sich selber
und wirkt ein wenig nass.
Trübe zieht der Tag ins Land,
ihm geht es nicht gut, wirkt blass.

Sind die Tage krank geworden?
Weil sie uns ertragen?
Die Stunden wirken auch gekränkt,
man traut sich nicht zu fragen.

Auch kein Zauber ist zu fühlen,
später bei der Dämmerung.
Zeitlos ist´s betrüben nun
und dieses viel zu jung.

Sieht man nun dort in den Spiegel,

der am Boden zu Füßen liegt.
Ziehen Kreise durch den Regen
und die Sekunden bleiben ungeliebt.

Flüstern

Hörst du die Stimmen?
Ihre Fragen?
Die wohl ohne Antwort bleiben.
Siehst du die Drähte und Maschinen? Die Metall und Haut
vereinen.

So summend Monoton,
fesselnd die Seele an den Thron. Schmeckst du das Fernweh in
der Luft? Ein stiller Schrei, der seines Gleichen sucht.

Schließ die Augen und begleite,
ein Stück der inneren Unruhe.
Die Sehnsucht der Schatten,
die unsere Ziele uns nicht finden lässt.

Öffnet nun die Tore.
Hinaus in die große Welt.
Verborgen in der Ferne,
wird die Furcht mit Mut beseelt.
Gehen wir es an!

Wenn sie singt

Wenn sie singt dann lauscht die Welt. Alles dreht sich zu ihr
um.
So verträumt weil es gefällt.
Sie badet in ihrem Ruhm.

Ihre Lieder sie liebkosen,
die vom Alltag gepeitschten Ohren. Wenn sie singt verzückt sie
alle,

in ihren Liedern so traumverloren.

Ihre Stimme bewegt die Menschen.
Sie verbrannten ihre Waffen.
Mit ihren Liedern auf den Lippen,
lässt sich verlorenes noch schaffen.

Diese kleinen Dinge,
bringen uns oft den Frohsinn.
Man ist beflügelt, motiviert
und gibt dem Schaffen neuen Sinn.

General (Trauriger Ruhm)

Meine Rolle, schwer, im Schauspiel Leben.
Liebender Familienvater.
Kommandant dann an der Front,
im immer gleichen Kriegstheater.

Traurig. Wenn ich mich erinnere,
an jene Blicke die dort fielen.
Erst zu Boden, dann ins Leere.
Sie werden stets zu Hause fehlen.

Granateinschläge und Raketen.
Zum Kreuz bestellt dann die Musketen. Kauernd in Angst und
wieder glaubend. Letztendlich den Verstand beraubend.

Kaum gesprochen über erfahrenes.
Es geht keinen etwas an.
Ich erinnere mich zu oft an die Kinder, die ihre stärksten
Soldaten waren.

Satellit

Oh du großer Sternentänzer,
so hell glänzend in der Nacht.
Oft beobachtet durch die Fenster.

Hast du so manchem Angst gemacht.

Gevatter Tod

du bist ein Spieler,
wer es wagt vielleicht gewinnt. Verlängert dann das Leben
spielend. Wenn man es schafft und von der Schüppe springt.

Kissen

Die Vergangenheit, sie nagt an mir. Hasse die Zeit und mich
dafür.
Tränen fallen so wie kleine Steine.
Ein Blick zurück. Und wenn ich weine…

Der Weg ist schwer, irgendwie anders geworden.
Kampf nur mit dem Jetzt, keine Zeit für Morgen.
Muss ich denn wirklich, dass alles mit ansehen?
Darf nicht einmal fragen,
ich muss es verstehen.

Am besten scheint es wohl zu sein,
es zu akzeptieren.
Doch da ist schon mein Problem.
Ich kann einfach nicht verlieren.

Wenn du es besser weißt,
lass es mich wissen.
Dann sticke ich deine klugen Worte
in ein großes Kissen.
Ich bette mich zur Ruhe darauf und schlaf darüber ein.
Mit offenen Augen, über dem Kissen. Also mir fällt bestimmt
noch was Besseres ein.

Kleiner Mann

Du bist ein Wunder kleiner Mann,

du kennst noch keine Sorgen.
Siehst dir die große Welt erst an,
was schenkt sie dir wohl Morgen?

Du bist ein Wunder kleiner Mann, entdeckst dir soviel Leben.
Ohne Furcht, dafür mit Neugier,
wird noch so vieles dir gegeben.

Du bist mein Wunder kleiner Mann,
ich will es dir verraten.
Machst mich glücklich und zufrieden. Ich kann dich kaum
erwarten.

(Randnotiz) In den letzten Tagen bin ich arg ins Grübeln
gekommen. Ja mich hat sogar Angst beschlichen. Ich habe
einen großen Schritt gemacht. Als ich dieses Buch anfing zu
schreiben, war ich noch relativ alleine. Das so genannte
Erwachsenwerden war für mich so fern wie der Mond und da
schau an. Ich bin mittlerweile verheiratet und erwarte einen
kleinen Sohn. Meine Frau ist ziemlich cool. Man hat manchmal
das Gefühl sie würde seit dem sie Schwanger ist ihren Alltag
viel leichter und glücklicher bestreiten. Ich bewundere dass.
Ich hoffe sehr dass sich meine Unsicherheit bald legt.

Ahoi II

Die Fahne brennt, das Segel auch. Gebrochen sind die Masten,
offene Wunde ziert den Bauch.
Das Wasser frisst sich nimmersatt, durch die Kammern um zu
fluten.
Die Fracht zerfallen und kaputt, verloren sie ins Meer bluten.

Keine Rettung ist in Sicht und
so wird es wahrscheinlich bleiben.

Ich armer Mensch, so klein und schlicht,
werd hier ungesehen treiben.
Als Strandgut wird wohl enden,
was als Vaters Stolz begann.
Es wird sich nicht zum Guten wenden, nicht heute, nicht
irgendwann.
Als ich nach oben schaue,
meinem Atem hinterher,
packt mich ein tief bedauern
und mein Herz wird mir so schwer.

Es zieht mich nun tief nach unten, werde langsam taub und
blind.
Im Kopf bleibt nur ein Gedanke.
Ob das mit dem Engeln stimmt?

Ungesehen

Sie hat ihn gesehen
und er hat sie gesehen.
Und keiner kann verstehen,
dass es wird nur so weiter gehen
und ihre Liebe bleibt folglich ungesehen.

Wird da noch was kommen?

Du springst Richtung Himmel,
doch es zieht an dir die Welt.
Nicht einmal eine Sekund frei,
so hast du es dir nicht vorgestellt.

Hast viel zu viel doch um die Ohren, kein Land ist mehr in
Sicht.
Hast schon die Zweisamkeit verloren, dies erzählt uns dein
Gesicht.

Wärst doch lieber der geblieben,
der du heute nicht mehr bist.

Würdest jede einzelne Minute lieben, die so oft nur an dir
frisst.

Magst nicht einmal mehr die Menschen grüßen,
die dir im Damals so wohl gesonnen. Denn du tratst nach ihnen
mit Füßen. Wie gewonnen so zerronnen.

Sag mir mein Freund wie fühlt man sich,
wenn man die Spitze hat erklommen? War der Weg einfach zu
weit für dich, oder wird da noch was kommen?

Pilot

Du lebst deinen Pilotentraum,
du hast es geschafft,
du glaubst es kaum.
Die Distanz, ist sie jetzt auch noch so weit.
Ist sie geflogen eine Kleinigkeit.

So frei über den Wolken,
so oft ist es schon besungen.
Summst die Lieder gerne oft.
Kein Ohrwurm bleibt bezwungen.

Als Pilot in Uniform,
da machst du schon was her.
Die Damen flirten unverfroren.
Sie wollen dich haben? Bitte sehr.
Ich beneide deine Liebe, die du niemals eingebüßt.
Wie viele Jahre waren es? Sieben?
Als dich dein Fliegerglück verließ.

Tanzend fielst du aus den Wolken. So taumelnd.
Wie betrunken.
Als sie zur Hilfe dir kommen wollten. Warst vom Erdboden du
verschwunden.

Siehst du manchmal unsere Lichter? Die dich nach Hause
leiten wollen.

Es trauern noch oft die Herzen derer, die noch auf dich warten
wollen.

(Und sie haben keine Zeit zum Wunden heilen.)

Es geht weiter

Es geht weiter Richtung Norden,
dass wollten wir schon immer seh´n. Dort sind schon viele alt
geworden,
dort zu weilen, wunder schön.

Es geht weiter in den Osten,
dort ist das Staunen garantiert.
Da kommt jeder auf seine Kosten,
dort ist es herrlich unkompliziert.

Es geht weiter Richtung Süden,
dass lässt man sich besser nicht entgehen.
Nicht ein Gedanken lässt sich trüben, nicht ein Geheimnis
bleibt dort ungesehen.

Es geht weiter in den Westen,
denn da zieht es uns nun hin.
Hier geht es uns am besten,
hier macht alles einen Sinn.

Es geht weiter und von vorne,
denn es rostet wer verweilt.
Soviel ungeahnt schöne Orte,
sind über einen Besuch erfreut.

Meine Elfe

Meine Elfe lass dich küssen,
ich bin dir so sehr zugetan.
Du der perfekte Seelenkuss,
der wohlig mich zu Bruste nahm.

Deine Wärme lässt mich schwitzen, zaubert mir mein Herz gar
froh.
Lässt Energien durch mich fließen,
lässt mich brennen lichterloh.

Du Wesen eines Engels,
das meinen Tränen wohl entsprang.
Botin aus dem Reich des Himmels,
die mir oft so gut getan.

Kann auch ich dich halten, dann sehne dich nach mir.
Meine Seele wird dich spüren,
dir helfen, ich verspreche es dir.

Getragen

Auf tausenden von Arme,
wurde ich schon genommen.
Das klingt jetzt härter als es ist,
ich bin durch Händemeer geschwommen.

Bei Musik und Lichtertanz.
Vor der Bühne stehen.
Vielleicht schafft man es ja darauf. Abwarten, mal sehen.

Wenn die große Stunde schlägt,
zum Bad in der Menschenmasse.
Ist man ziemlich aufgeregt,
ob sie mich dann fallen lassen?

Doch wird auf Händen man getragen, ist die Furch dahin.
Wenn die anderen mich dann fragen, lächle ich nur noch vor
mich hin.

Mauer

Deine Hand in meiner.
Wir bilden eine Wand.

Gegen Kummer und so weiter,
halten wir gemeinsam stand.

Wir lassen uns nicht unterkriegen,
dass wäre auch gelacht.
So stark wie wir ist nur Beton,
so ist es für uns gedacht.

Doch was macht der Eine,
der ohne den Anderen nicht kann? Zerbricht dann diese eine Mauer,
wie es die in Jericho hat getan?

Trauma

Zerstör dein Trauma!
Breche es in der Mitte durch.
Vertreibe die Angst,
vielleicht die Furcht.
Vielleicht wir ja dein Traum so wahr.

Lass dich nicht verleiten,
von Wünschen die nicht die eigenen sind.
Nur den einen Weg beschreiten.
Ziele die nur die deinen sind.

Leg die Angst ab, mach die Mut.
Du muss feste an dich glauben.
Aus Enttäuschung wächst oft nur Wut und das kann auf deinem Weg nichts taugen.

Wenn dein Trauma fällt,
du kannst die Tage dahin zählen.
Gehört dir fast die ganze Welt
und du wirst uns davon erzählen.

Er/Sie sagte noch

Ich sagte noch, pass auf mein Herz auf. Und schon trittst du
darauf herum. Brichst gewaltsam meinen Kreislauf.
Zersplittert, bleibt er stumm.

Sie sagte noch, pass auf mein Herz auf. Und schon ließ ich es
zu Boden fallen. Ein anderes ist mir viel schöner. Enttäuscht
zeigst du nur noch die Krallen.

Am Ende hat es nichts gebracht,
obwohl Vorsicht war geboten.
Es liegt im Staub nun Herz an Herz,
als Mahnmahl auf dem Boden.

Bahnsinn

Warum so zögernd mit der Geste, mit der du sonst dein Geld
verdienst? Wer ist hier wohl der nächste, den du für
Geldscheine nur bedienst?

Die Liebe ist das Sorgenkind, an dem oft vieles scheitern wird.
Doch macht sie nicht für alles blind, so wird es dann wohl doch
zitiert.

Keine Ahnung, diese Zeilen, schreibe ich in Müdigkeit. Am
liebsten wohl im Bette, aber dass dauert noch so lange Zeit.

Schreiberlehrling

Er war ein Held in seinen Zeilen.
War Zweifler, Geist und Sensenmann. Er konnte Stunden darin
verweilen, wenn ihn die Muse küssen kam.

Seine Feder stürzte Türme.
Ließ Kummerträger, Lichtbringer sein. All dass machen Worte
möglich,
sind sie oft auch nur so klein.

Es gibt keine Grenzen auf seiner Reise. Kein Ziel ist mehr zu
weit.
Denn auf diese Art und Weise,
hat er selber sich befreit.

Er hat oft Tränen in den Augen,
die er sich zur Tinte färbt.
Zu etwas musste der Kummer ja taugen, dies haben mich die
Zeilen so oft gelehrt.

Wächter

Ich wache hier im Turme
und schlage mir die Zeit hier tot.
Bei Regen, auch bei Sturme.
Bis dann hin ins Morgenrot.

Sehe denn Tag wie er sich hinlegt.
Die Nacht die ihn zu Bette trägt.
Sehe den Tag wie er erwacht
und das Ritual sich dreht.

Wenn Licht verwirrt,
bin ich stets wach.
Ich bin hier die Kontrolle.
Bin versteckt und doch ganz nah. Komme was da wolle.

Wenn ein Lächeln mir begegnet,
ist meine Zeit hier um.
Trete dem Heimweg dann entgegen, denn hier gibt´s nichts
mehr zu tun.

Wir jagen

So süß sind deine Träume,
dass sie dich so oft lächeln lassen. Machen dich glücklich und

wohlauf,
sie lassen dich in die Vollen fassen.

Es ist so schön dir zuzusehen,
wie du in deinen Kissen,
dir jeden Traum zu Herzen nimmst,
ich genieße dich, musst du wissen.

Wenn ich mal zur Ruhe komme,
dann komm ich zu dir träumen.
Erhole mich gut, du gibst mir Kraft.
Wir jagen die Schafe von den Zäunen.

Vorfreude (Auf Dich)

Mit dem Zug auf großer Fahrt,
bald die Liebe sehen.
Das gesamte Geld in Sack und Pack, wir wollen ja um die
Häuser ziehen.

So weit weg unter der Woche,
dass macht mich wirklich traurig.
Doch heut Nacht in deinem Arm.
Das ist so schön. Ich freu mich!

Und du kannst…

In meinen Träumen bist du wehrlos
und tust genau das was ich will.
Dort verfüge ich über dich ganz wortlos,
meine Erfüllung ist dein Ziel.

Ich jage und bedränge dich
und keiner wird es je wissen.
Du bist ein Spielzeug nur für mich.
Hab deine Kleider dir zerrissen.

So unschuldig bist du nicht,

wie man sonst vermutet.
Ich streiche dein Haar dir aus dem Gesicht.
So verschwitzt und so ermüdet.

Deine Fesseln schneide ich dir nun von den Füßen, von den
Händen.
Meine Träume sind so gierig und doch viel zu schnell zu Ende.

Wenn ich wach bin trau ich mich noch nicht mal wen zu
grüßen.
Doch wenn ich schlafe, dann zwing ich dich,
zu ganz hemmungslosen Küssen.

Und du kannst es nicht mal wissen, denn du kennst mich
einfach nicht.

Fallschirm

Mein Fallschirm geht nicht auf,
die Leinen sind verfangen!
Ich blick noch zum Flugzeug auf.
Die Leute dort, sie bangen.

Immer schneller. Zieht die Erde,
an mir, will mich küssen.
Doch zu stürmisch kam sie mir näher. Den Fallschirm hat es
zerrissen.

Wundbrand

Du hast mein Herz verletzt,
es hat sich nun entzündet.
Mit deinen Viren angesetzt,
völlig unbegründet.

Jetzt ist mein armes Herz,
durch dich ziemlich krank geworden. Bäumt sich auf nun unter

Schmerzen.
So mancher ist daran gestorben.

Ich habe Wundbrand
und halt ihn nicht mehr auf.
Bis zum Herzstillstand,
frisst mich das Feuer auf.
Ich habe Wundbrand,
keine Quelle da zum löschen.
Von Heilung keine Spur
und es duftet nach Enttäuschung.

Du hast mir wehgetan.
Mein Herz so schwarz wie Kohle.
Sieh dir mal die Asche an.
Selbst ihre Reinheit ist gestohlen.

Du bist und bleibst das Streichholz, in den Meeren aus Benzin.
Verbrennst dir selbst dein Herz bald
und das hast du dir verdient.

Dann hast du Wundbrand
und hältst es nicht mehr auf.
Bis zum Herzstillstand,
frisst dich das Feuer auf.
Dann hast du Wundbrand
und deine Quelle ist versiegt.
Brennender Untergang,
  der seinen Schöpfer hat besiegt.

Feuerrosen

Feuerrosen brennen ewig,
denn sie sind aus Emotionen.
Entfachen sich immer wieder neu,
aus kleinen Explosionen.

Feuerrosen brennen ewig.
Genährt aus Lachen und aus Tränen. Man sieht sie wohl oft am

Ende des Tunnels, wenn verronnen ist der Sand der Zeit.

Ach so oft (Die Liebe)

Die Liebe ist beschrieben
und gesungen in jeder Form.
Wenn sich alles um die Liebe dreht, beginnt man oft von vorn.

Die Liebe ist oft bissig
und passt oft gar nicht erst.
Viele vermuten sie zu kennen
und wundern sich das sie schmerzt.

Die Liebe streng genommen,
ist auf einmal nur noch Lust.
Es ist sehr oft schon vorgekommen, auch wenn du jetzt
unschuldig tust.

Doch vergessen darf man nicht.
Das die Liebe motiviert.
Etikette schnell zum Affen macht
und Proleten kultiviert.

Die Liebe ist der Zeitvertreib,
der am ehesten erfüllt.
Doch erstauntes Stöhnen nützt auch nichts,
wenn sie ihr wahres Ich enthüllt.

Doch ihr lieben lasst euch nicht,
die Liebe von mir vermiesen.
Sie ist oft Auftakt im Gedicht,
doch oft anders als in diesen.

(Tränen trocknen, doch sie bleiben. Bis der nächste Regen
fällt)

Tja!

Als er einst zur Arbeit ging,
hat ihn ein Auto angefahren.
Es traf den der immer auf Nummer sicher ging.
Tja, was soll man dazu sagen?

Saat

Die Mensche hat erschlagen,
was sie jahrelang gesät.
Auf einmal ernten sie nicht mehr.
Doch dafür ist es auch zu spät.

Unzuverlässig

Als die Blicke auf uns fielen,
haben alle applaudiert.
Und jetzt sind wir einmal unzuverlässig.
 Und schon wird hier spioniert..

Kämpferin

Tapfer bist du meine liebe.
Die so zart wirkt, doch kämpft für zehn.
Hab nur noch ein Stück Geduld
und du wirst es überstehen.

So ein Kampfgeist schreibt Geschichte.
Du wirst genießen jedes Wort.
So schnell macht dich nichts zu Nichte,
zerstört nicht was du aufgebaut.

Atme tief ein, hol dir die Kraft,

für die letzten Schritte Richtung Ziel.
Bald, ja bald ist es geschafft.
Dazu braucht es nicht mehr viel.

Dein Kampf ist so anmutig.
Es scheint als erblühst du erst daran.
Ich bewundere dich aufrichtig,
weil so kämpfen gar nicht jeder kann.

Anders

Das Glück erscheint dir fremd,
das letzte Geld verloren.
Verspielt, das letzte Hemd.
Hast auch im Sommer schon gefroren.

Sag wie soll es weiter gehen,
mit dem fremden Namen Glück.
Lohnt es sich noch aufzustehen,
oder lieber doch der Griff zum Strick?

Ach, die Menschen sind so gehässig, wenn der Kummer sie
nicht trifft.
Ja, das Leben ist oft hässlich,
du weißt ja wie es ist.

Gibt es da nicht noch was anderes?
Jetzt mal im Ernst mein lieber Freund. Du musst nur wollen ich
weiß du kannst es.
Du spürst genau du hast noch nichts verträumt.

(Engel haben eine Gabe. Immer nah zu sein, wenn man sie
braucht.)

Doppelherz

In meiner Brust schlagen zwei Herzen. Das eine gut, das
andere kalt.
Das gute welkt nun mit der Zeit

und das aus Stein wird gar nicht alt.

Kampflos

Kampflos hast du das erreich,
wofür so mancher Wunsch verbraucht.
Kampflos ist dir eingefallen,
was man für des Rätsels Lösung braucht.

Taucher

An den Tränen meiner Meere,
bin ich schon lang ertrunken.
Doch auch ein Atlantis selbst.
Hab ich hier unten nicht gefunden.

(Randnotiz) Wie schnell die Tage doch ins Land gezogen sind.
Alleine der Sprung von der letzten Randnotiz bis zu dieser ist
wochenlang. Selbst wenn ich träge bin. Die Zeit hält mich stets
in Bewegung.

Drachensteigen

Drachensteigen ist was Feines.
Es macht Groß und Klein viel Spaß. Wenn man auf freiem Feld
der King ist, denn solche Tricks die sind schon was.

Man kann so schnell die Zeit vergessen, wenn man durch die
Lüfte spielt.
Man vergisst oft die Umgebung,
wenn ein Blitz auf den Drachen zielt.

Kurzer Schock für die Familie,
keiner sah das Himmelslicht.

Der Blitz eingeschlagen in den Könner,
der als Lichtgestalt zusammenbricht.

Wut entbrannt

Er ist sehr ruhig und besonnen,
innere Ruhe seine Kraft.
Doch auch die Geduld findet ihr Ende, wenn die Leere in
einem klafft.

Dieser Mann er ist sehr friedlich,
auf Familie stets bedacht.
Liebt Frohsinn und Gemeinschaft,
ist der der stets viel lacht.

Doch man unterstellt ihm ein Geheimnis,
weil man ihn nicht leiden kann.
Und wenn die Hetzjagd dann beginnt, ist er unschuldig halt
dran.

Wenn die Wut einmal entbrannt ist,
ist die Wahrheit auch egal,
dann wird getan was man dann tun muss
und die Unschuld ist so scheiß egal.

Zeitverschwendung

Dauernd dieses Feingefühl,
dieses hineinversetzen müssen,
es wird mir jetzt zu viel
und ich darf dich nicht mal küssen.

Immer diese Zeitverschwendung,
am Ende heißt es eh,
bitte lass uns nur Freunde bleiben,
unterstütz mich weiter, steh

(mir in den schweren Zeiten bei.)

Deine Hand soll ich stets halten,
damit die Zeit dir einwandfrei,
wie ich mich fühle bleibt verhalten,
ich bin nur als Halt dabei.

Du kannst mich nicht lieben,
ja, das weiß ich,
hast es jetzt nun oft gesagt,
doch sei gewiss, ganz rechtzeitig,
muss ich denken nur an mich.

(Und dir als Halt in den Rücken fallen!)

Vatertag

Mein Kind was soll ich dir erzählen,
von der Welt und ihrer Pracht.
Bald wirst du es selbst erleben,
erkennen wie das Leben lacht.

Mein Kind du wirst die Freuden lernen,
die mein ganzes Leben alt.
Dich an soviel Freude laben,
es beginnt schon ganz bald.

Ich will dir stets Stütze sein,
auf allen deinen Wegen.
Wenn du groß wirst dann ganz allein,
wirst du Rosen mir zu Grabe legen.

In jener Zeit als diese Zeilen das Licht der Welt erblickten. Erblickte auch mein Sohn das Licht der Welt. Mein Sonnenschein und mein Glück. Ich bin zufrieden nun mit meiner Frau und meinem Kind. Diese Zufriedenheit hatte auch ihren Preis. Sie nahm mir die Muse.
Es ist schon seltsam, wenn man nicht mehr schreiben kann. Keine Gedanken mehr auf reisen schicken kann.
Aber in jedem Falle ein Preis den ich gerne bezahlt habe.

Ich danke Dir für deine Gesellschaft durch die Reise In die Ferne.

-Patric Schmitt-

„Das gute welkt nun mit der Zeit,

das alus Stein wird gar nicht alt.“

(aus Doppelherz)

Gedichte und Text: Patric Schmitt von Trausnitz

Covergestaltung::   Bernhard Kienitz

Unterstützung der Lesungen: Katharina Schmitt von Trausnitz
                             Anne Schmitt von Trausnitz
                             Marcus gentsch
                             Luisa Schmitt von Trausnitz

Ich danke Euch allen für die schöne Zeit und Eure Geduld.
Ich bin froh dass ich Euch habe. Dieses Buch ist meiner
Familie gewidmet. Ich liebe euch von Herzen.

Schmitti

Herstellung und Verlag:
Books on Demand GmbH, Norderstedt
ISBN 978-3-8370-7509-0